道路交通应急抢险
常规装备实用技术指南

主 编 周晓晶
副主编 李海鹏 宋 翔

东南大学出版社
SOUTHEAST UNIVERSITY PRESS
·南京·

图书在版编目(CIP)数据

道路交通应急抢险常规装备实用技术指南/周晓晶主编. —南京:东南大学出版社,2019.10
ISBN 978-7-5641-8557-2

Ⅰ.①道… Ⅱ.①周… Ⅲ.①道路运输-突发事件-应急对策-装备-指南 Ⅳ.①U491.31-62

中国版本图书馆 CIP 数据核字(2019)第 213161 号

道路交通应急抢险常规装备实用技术指南

主　　编	周晓晶
出版发行	东南大学出版社
出 版 人	江建中
责任编辑	陈　淑
社　　址	南京市四牌楼2号　(邮编:210096)
经　　销	全国各地新华书店
印　　刷	江苏凤凰数码印务有限公司
开　　本	700mm×1000mm　1/16
印　　张	7.75
字　　数	128 千
版　　次	2019 年 10 月第 1 版
印　　次	2019 年 10 月第 1 次印刷
书　　号	ISBN 978-7-5641-8557-2
定　　价	39.80 元

(本社图书若有印装质量问题,请直接与营销部联系。电话(传真):025-83791830)

编 委 会

主　　编　周晓晶

副 主 编　李海鹏　宋　翔

编写人员　鲁甲杰　杨淞博　胡泽峰
　　　　　　卫晓泽　任　岩　张　烨
　　　　　　蔡艳潇　汤张枫　孔　栋
　　　　　　赵琬婷　金　鹏　韦　坤

前言 Preface

在道路交通的应急救援过程中,各种应急救援装备的合理调配和使用,是应急救援成功的重中之重。近年来,不论是抗震救灾、抗洪抢险、泥石流救援和重大交通事故处治等事件中都可以看到各种应急救援装备,特别是大型工程机械忙碌的身影。面对严重的道路交通突发事件,挖掘机、装载机、推土机、起重机、泵车、破拆设备等现代化工程机械已经成为救援人员手中的利器。应急救援装备作为应急救援行动的重要物质基础,对于保障国家应急救援力量,有效应对各种突发性灾害,维护社会稳定和发展,具有重要而深远的意义。

道路交通应急抢险常规装备主要指在各类交通设施的抢通抢建过程中使用范围广、使用频率高,并且救援部队在通常情况下首先必须配备的装备。根据应急抢险实施的地点不同,主要分为道路抢通抢修常规装备、桥梁抢修抢建常规装备、隧道抢通抢修常规装备、机场抢修抢建常规装备、港口码头抢修抢建常规装备以及其他抢险救援装备几类。

借鉴以往大量的研究和工程实践经验,并结合国家重点研发计划课题"道路应急抢通关键技术研究与应用示范"技术成果的推广应用,我们组织编写了《道路交通应急抢险常规装备实用技术指南》(简称《常规装备》),可供军事战备部门、武警部队、地方交通部门、应急管理部门、高等学校相关专业人员学习参考。

本书的第一章和第二章由周晓晶、李海鹏和宋翔编写;第三章和第四章由鲁甲杰、杨淞博、胡泽峰和蔡艳潇编写;第五章和第六章由周晓晶、卫晓泽、任岩和张烨编写；第七章和第八章由周晓晶、汤张枫、孔栋和赵琬婷编写；第九章由周晓晶、宋翔、金鹏和韦坤编写。全书由周晓晶统稿，李海鹏和宋翔审阅，郑智勇、胡玮明、胡锦超和倪培洲也参与了本书的审阅工作。

《常规装备》在编写过程中，参考了有关专家和科研人员的著作，得到了东南大学、武警某部交通第一支队、交通运输部公路科学研究院、南京晓庄学院的大力支持和帮助，在此表示诚挚的感谢！

由于时间仓促，加之编者水平有限，书中难免存在不足之处，恳请广大技术和管理人员提出宝贵意见和建议，以供《常规装备》修改和完善。

编　者

二〇一九年七月

目录 Contents

第1章　绪论 ·· 1
  1.1　道路交通应急救援装备的概述 ·· 3
  1.2　应急抢险装备的重要作用 ·· 4
  1.3　应急救援装备的国内外研究现状 ·· 6

第2章　道路交通应急抢险装备分类 ·· 9
  2.1　影响道路交通的灾害类型 ·· 9
      2.1.1　自然灾害 ··· 10
      2.1.2　事故灾难 ··· 15
  2.2　道路交通设施损毁类型 ·· 17
      2.2.1　道路损毁类型 ·· 17
      2.2.2　桥梁损毁类型 ·· 18
      2.2.3　隧道损毁类型 ·· 19
      2.2.4　机场损毁类型 ·· 21
      2.2.5　港口码头损毁类型 ··· 22
  2.3　道路交通应急抢险装备分类 ··· 23
      2.3.1　道路抢通抢修常规装备 ·· 23
      2.3.2　桥梁抢修抢建常规装备 ·· 24
      2.3.3　隧道抢通抢修常规装备 ·· 25
      2.3.4　机场抢修抢建常规装备 ·· 28
      2.3.5　港口码头抢修抢建常规装备 ··· 29
      2.3.6　其他道路交通抢险常规装备 ··· 30

第3章 道路抢通抢修常规装备 ·· 32

3.1 挖掘机 ·· 32
3.1.1 装备介绍 ·· 32
3.1.2 性能参数 ·· 33

3.2 推土机 ·· 35
3.2.1 装备介绍 ·· 35
3.2.2 性能参数 ·· 37

3.3 装载机 ·· 38
3.3.1 装备介绍 ·· 38
3.3.2 性能参数 ·· 40

3.4 起重机 ·· 41
3.4.1 装备介绍 ·· 41
3.4.2 性能参数 ·· 42

3.5 自卸汽车 ·· 42
3.5.1 装备介绍 ·· 42
3.5.2 性能参数 ·· 44

3.6 平地机 ·· 45
3.6.1 装备介绍 ·· 45
3.6.2 性能参数 ·· 47

3.7 压路机 ·· 48
3.7.1 装备介绍 ·· 48
3.7.2 性能参数 ·· 50

第4章 桥梁抢修抢建常规装备 ·· 52

4.1 重型汽车起重机 ··· 52
4.1.1 装备介绍 ·· 52
4.1.2 性能参数 ·· 53

4.2 装配式公路钢桥 ··· 54
4.2.1 装备介绍 ·· 54
4.2.2 性能参数 ·· 55

4.3 25 m应急机械化桥 ... 56
4.3.1 装备介绍 ... 56
4.3.2 性能参数 ... 58
4.4 51 m应急机械化桥 ... 59
4.4.1 装备介绍 ... 59
4.4.2 性能参数 ... 59
4.5 应急机械模块化桥 ... 61
4.5.1 装备介绍 ... 61
4.5.2 性能参数 ... 61
4.6 应急动力舟桥 ... 62
4.6.1 装备介绍 ... 62
4.6.2 性能参数 ... 64

第5章 隧道抢通抢修常规装备 ... 65
5.1 凿岩机 ... 65
5.1.1 装备介绍 ... 65
5.1.2 性能参数 ... 66
5.2 空压机 ... 67
5.2.1 装备介绍 ... 67
5.2.2 性能参数 ... 68
5.3 混凝土喷射机 ... 69
5.3.1 装备介绍 ... 69
5.3.2 性能参数 ... 70
5.4 混凝土搅拌机 ... 71
5.4.1 装备介绍 ... 71
5.4.2 性能参数 ... 72
5.5 支撑台车 ... 73
5.5.1 装备介绍 ... 73
5.5.2 性能参数 ... 74
5.6 通风机 ... 75

5.6.1　装备介绍 ………………………………………………………… 75
　　5.6.2　性能参数 ………………………………………………………… 75

第6章　机场抢修抢建常规装备 ………………………………………… 77
6.1　混凝土泵车 …………………………………………………………… 77
　　6.1.1　装备介绍 ………………………………………………………… 77
　　6.1.2　性能参数 ………………………………………………………… 78
6.2　混凝土切割机 ………………………………………………………… 80
　　6.2.1　装备介绍 ………………………………………………………… 80
　　6.2.2　性能参数 ………………………………………………………… 80

第7章　港口码头抢修抢建常规装备 …………………………………… 82
7.1　打桩机 ………………………………………………………………… 82
　　7.1.1　装备介绍 ………………………………………………………… 82
　　7.1.2　性能参数 ………………………………………………………… 83
7.2　液压高速夯实机 ……………………………………………………… 85
　　7.2.1　装备介绍 ………………………………………………………… 85
　　7.2.2　性能参数 ………………………………………………………… 85

第8章　其他道路交通抢险常规装备 …………………………………… 87
8.1　多功能滑移装载机 …………………………………………………… 87
　　8.1.1　装备介绍 ………………………………………………………… 87
　　8.1.2　性能参数 ………………………………………………………… 88
8.2　无人驾驶挖掘机 ……………………………………………………… 88
　　8.2.1　装备介绍 ………………………………………………………… 88
　　8.2.2　性能参数 ………………………………………………………… 89
8.3　遥控推土机 …………………………………………………………… 89
　　8.3.1　装备介绍 ………………………………………………………… 89
　　8.3.2　性能参数 ………………………………………………………… 90
8.4　无人机 ………………………………………………………………… 91

8.4.1　装备介绍 ………………………………………………………… 91
　　8.4.2　性能参数 ………………………………………………………… 94
8.5　全地形车 …………………………………………………………………… 94
　　8.5.1　装备介绍 ………………………………………………………… 94
　　8.5.2　性能参数 ………………………………………………………… 95
8.6　远程控制子母式排水抢险车 …………………………………………… 95
　　8.6.1　装备介绍 ………………………………………………………… 95
　　8.6.2　性能参数 ………………………………………………………… 96
8.7　垂直供排水抢险车 ………………………………………………………… 97
　　8.7.1　装备介绍 ………………………………………………………… 97
　　8.7.2　性能参数 ………………………………………………………… 98
8.8　除雪机 ……………………………………………………………………… 99
　　8.8.1　装备介绍 ………………………………………………………… 99
　　8.8.2　性能参数 ………………………………………………………… 100
8.9　应急抢险救援车 …………………………………………………………… 100
　　8.9.1　装备介绍 ………………………………………………………… 100
　　8.9.2　性能参数 ………………………………………………………… 101

第9章　常用应急抢险装备的合理选择和配备 ………………………………… 104
9.1　应急抢险中工程机械运用特点 …………………………………………… 104
9.2　合理选配应急抢险工程机械的一般原则 ………………………………… 105
9.3　应急抢险中工程机械的配套组合 ………………………………………… 106
9.4　选配工程机械的原则 ……………………………………………………… 107
9.5　确定各类抢险机械数量 …………………………………………………… 109

主要参考文献 …………………………………………………………………… 110

第1章 绪 论

因工业的发展、科技的进步、经济全球化等因素的综合作用，当今世界各类突发事件呈现逐步上升趋势，建立国家级的突发事件应急管理体系刻不容缓。突发公共事件应急管理就是在突发公共事件的爆发前、爆发后、消亡后的整个时期内，用科学的方法对其加以干预和控制，使其造成的危害达到最小，造成的损失达到最小。应急管理主要包括预防与应急准备、监测与预警、应急处置与救援、事后恢复与重建等应对活动，其中以突发事件的应急处置与救援最为重要，对于减少突发事故造成的损失、保障人民生命和财产安全乃至社会的稳定方面起着至关重要的作用，必须予以足够的关注和重视。

根据 2009 年 4 月中华人民共和国交通运输部修订的《公路交通突发事件应急预案》文件，道路交通突发事件主要指公路交通突发事件，包括由各种自然灾害、公路交通运输生产事故、公共卫生事件及社会安全事件引发的造成或者可能造成公路以及重要客运枢纽出现中断、阻塞、重大人员伤亡、大量人员需要疏散、重大财产损失、生态环境破坏和严重社会危害，以及由于社会经济异常波动造成重要物资、旅客运输紧张需要交通运输部门提供应急运输保障的紧急事件。道路交通突发事件的发生除了破坏道路基础设施、对路网结构和交通控制产生影响外，严重的甚至会影响人民生命安全，造成重大财产损失。

道路交通应急，指国家为满足战争和应对突发事件的道路交通保障需求，有计划、有组织地提高道路交通系统的应变能力，由常态转入非常态所进行的一系列活动。道路交通的应急救援是突发事件应急管理的重要分支，根据引起道路的突发灾害的级别、道路交通设施损毁的类型、人员伤亡的情况以及应急处置的紧急程度等因素的不同，道路交通应急救援又分为救援、抢通、保通、抢修和抢建几个不同的活动类型。在应对道路交通灾害的过程中，这些活动可能先后进行，也可能同时进行。道路交通是一个国家国民经济的命脉，对道路交通突发事件的应急处理能力,反映了一个国家和地区对全体国民的关爱和重视程度,也是一个国家综合实力与国民综合素质的标志。

随着我国改革开放和经济建设的逐步推进,我国成为交通道路突发事件频发的国家。在我国,道路交通突发事件频发的原因主要归结于自然灾害和事故灾难两类。自然灾害是自然界产生的异常现象,通过打破人类和自然系统对其的阻力,造成人类及生物的生命、环境和设施的破坏和损失,或使其功能降低。交通系统由于其对自然灾害的暴露性和自身的相对敏感、脆弱性,更容易遭受自然灾害的破坏。发生在陆地(陆路)、水域(水运)和大气空间(航空)的自然现象对交通系统产生的破坏和损毁,都可以称之为交通自然灾害,这其中又以陆路交通的自然灾害最为常见,会危及道路、桥梁、隧道、机场以及港口码头的陆地部分等交通设施的安全。

我国是世界上自然灾害最为严重的国家之一,而且灾害具有种类多、级别高、受灾面积大以及持续时间长等特点。对道路交通产生重要影响的自然灾害主要包括地震、洪涝和冰雪灾害,以及由它们引起的次生灾害,如山体滑坡崩塌、泥石流以及堰塞湖等。这些自然灾害会对道路、桥梁、隧道、机场和码头等交通设施造成不同形式的破坏,例如路基沉陷、路面开裂和路面水毁;桥面坍塌、桥墩破损和桥涵淤塞;隧道洞口冲毁和洞体开裂;机场跑道开裂以及码头被淹没等。例如2008年5月12日发生在四川省汶川县的8级地震,由于山区公路沿线,地势险要,地质条件差,地震引起山体滑坡和垮塌,道路严重损毁,使汶川、映秀等震中地区2小时的路程,由于交通瘫痪而使地震救援工作整整滞后了30小时以上。

而随着中国经济的快速发展,陆路交通的密度、长度和搭乘陆路交通工具的物资和人口流动规模日益增加,交通客流和物流的增多也使遭遇人为事故灾难引发道路灾害的风险进一步加大。公安部交管局的统计数据显示,仅2016年全国共发生货车责任道路交通事故5.04万起,造成2.5万人死亡、4.68万人受伤。这些交通事故中,除了重大的人员伤亡以外,也造成道路交通设施不同程度的损毁。

由于频发的自然灾害以及事故灾难的叠加影响,近年来陆路交通干线的极端灾害事件日益增多,对我国道路交通造成了前所未有的威胁,对道路交通应急响应能力提出了严峻的考验。道路交通应急响应能力包括:救援被困人员的能力;道路、桥梁、隧道的短时间抢修、抢通能力以及抢通后在一定时间内保障通行的能力;桥梁、机场和港口码头短时间无法抢通的情况下抢建临时备用交通设施,保障抢险救援车辆临时通行的能力等。

在道路交通的应急救援过程中,各种应急救援装备的合理调配和使用,是应急救援成功的重中之重。近年来,不论是抗冰保电、抗震救灾还是抗洪抢险、泥石流救援等都可以看到各种应急救援装备,特别是大型工程机械忙碌的身影。面对着严重的道路交通突发事件,挖掘机、装载机、推土机、起重机、泵车、破拆设备等现代化工程机械已经成为救援人员手中的利器。

据不完全统计,在 2008 年 5 月汶川地震抢险过程中,工程机械企业捐赠和援助的设备有近千台,折合功率约 15 万千瓦·时,价值超过 3 亿元。工程机械以良好的作业性能、灵活多变的抢险功能、快速高效的救援效率为抢救生命财产做出了卓越的贡献。相反在 2010 年海地发生的 7.0 级地震中,由于缺乏大型的应急救援装备,许多救援人员不得不用双手实施救援,最终由于搜救进展缓慢死亡总人数高达 23 万人。

应急救援装备作为应急救援行动的重要物质基础,对于保障国家应急救援力量,有效应对各种突发性灾害,维护社会稳定和发展,具有重要而深远的意义。

1.1 道路交通应急救援装备的概述

道路交通应急救援装备,是在应对道路交通突发事件中,参与受困人员的医疗救护,参与道路交通设施的抢修、抢建和抢通,参与灾害调查的侦测设备以及保障以上活动顺利进行的通信照明等辅助设备的总称。

道路交通应急救援装备主要包括应急交通工程装备、应急救援医疗设备、灾情侦测及评估设备、通信保障设备、消防防护设备以及后勤保障设备几大类。应急救援医疗设备主要包括远程会诊车、急救车、门诊车、手术车、X 线车(医技保障车或放射车)、检验车、药品药械车等可以搭载车载医疗设备和医生的医护车辆。灾情侦测及评估设备主要包括配备 GPS 定位系统和高清摄像设备的无人机、探测生命迹象的生命探测仪以及探测有毒有害气体的测试设备。通信保障设备包括通信车、卫星通信设备和短波电台。消防防护设备包括应对火灾和爆炸的消防车、灭火装备以及个人防护装备等。后勤保障设备包括供电设备、照明设备以及生活保障装备等。

应急交通工程装备是交通道路应急装备中最重要的一类,本书提及的道路交通救援装备主要是指这类设备,主要用于道路交通设施的抢修、抢通和抢建的大型工程机械。从功能上分,可以分为土石方工程机械类、起重机械类、桩基和桥梁装备类、救援机械装备类、路面机械装备类、小型机械装备类、保障车辆类和除雪车辆类等。

应急救援装备主要分为常规装备和新型装备两大类。常规装备主要指在道路、桥梁、隧道、机场、港口码头等交通设施的抢通抢建过程中使用范围广、使用频率高,救援部队在通常情况下首先必须配备的装备,这也是本书的研究对象。而新型装备是指最新研发的、针对道路交通应急的特殊需求的高端装备,我们将在后续编著的本书的高级版中介绍这些新型装备。

本书是根据道路抢险交通应急装备实施的地点对道路交通应急抢险装备进行分类的,分别包括道路抢通抢修常规装备、桥梁抢修抢建常规装备、隧道抢通抢修常规装备、机场抢修抢建常规装备、港口码头抢修抢建常规装备以及其他抢险救援装备。每一章主要介绍了该类常规装备的几种典型工程机械的构造组成、工作原理、性能参数、操作使用、故障排除和维护保养。

道路抢通抢修常规装备包括挖掘机、推土机、装载机、起重机、自卸汽车、平地机、压路机等。桥梁抢通抢修常规装备包括重型汽车吊机、装配式公路钢桥、机械化桥、应急快速桥等。隧道抢通抢修常规装备通常包括凿岩机、空压机、混凝土喷射机、混凝土搅拌机、支撑台车、通风机、履带式隧道掘进机等。机场抢修抢建常规装备包括混凝土泵车、混凝土切割机等。港口码头抢修抢建常规装备包括打桩机、插板机和其他港口码头抢修抢建常规装备。其他抢险救援装备主要包括应急救援系统、多功能滑移装载机、无人驾驶挖掘机、遥控推土机、无人机、全地形车、排水抢险车、挖雪设备、抓料机、救援作业车等。

1.2 应急抢险装备的重要作用

应急抢险装备作为应对交通道路灾害的必备物资,在各种抢险救援任务中发挥了重要作用,道路应急抢险装备在应对道路交通灾害中的主要用途包括以下几个方面。

一、抢通道路,打通灾区生命线

自然灾害的发生,往往会造成道路损坏、交通阻塞,而道路的损坏将严重阻碍救援物资的输送和受灾人员的转移,严重影响救援效率。在2008年汶川大地震中共造成24条高速公路受到影响,161条国级、省级干线公路受损。地震发生后工程机械中的挖、装、铲等机械从全国驰援快速清除道路障碍,抢通灾区的生命线;而除雪车、平地机等能够很好地完成道路扫雪除冰任务,在2008年初的南方雨雪冰冻灾害中给人留下深刻印象。

二、清理废墟,搜救被困人员

当地震、泥石流、山体滑坡、台风等自然灾害发生后,及时、高效地搜救被埋人员能极大地提高生还率。挖掘机、装载机等在大型坍塌建筑物、泥石等废墟清理中具有极高的工作效率;起重机用于移除大型危险构件及清理一些人力所不能及的障碍物,为现场救援提供空间;通过更换液压挖掘机工作装置而改装的破拆机械常用于钢筋混凝土结构的破碎、拆除作业。

三、固堤疏浚,机械化抗洪抢险

在近几年抗洪抢险中,推土机、挖掘机、装载机、桩机、自卸车等工程机械得到广泛的运用。推土机、挖掘机、装载机用于防洪堤坝的抢筑及河道的清淤,同时还可以根据需要挖掘新的泄洪通道,装载机还能用于装抛钢丝笼、运送填筑石料等;桩机主要用于植入堤坝加固、决口封堵用的各种类型的桩,桩机的使用大大提高了植桩的速度与质量;自卸卡车则用于长距离运送填筑材料。

四、提供交通战备,应对战争风险

交通战备,指在交通方面所做的适应战争需要的准备。从世界近期发生的局部战争和恐怖袭击的案例中可以看出,保证交通运输线的畅通是取得战争胜利的关键一环。

1.3 应急救援装备的国内外研究现状

道路交通应急救援装备作为应急救援行动的重要物质基础,对于保障国家应急救援力量,有效应对各种突发性灾害,维护社会稳定和发展,具有重要而深远的意义。

我国地域辽阔、山川纵横、水文及地质条件复杂、气候多变,各类自然灾害频繁发生,给经济建设和人民群众的生命财产造成了巨大的损失。现有的道路、军用或民用机场、港口码头等基础交通设施在遭遇台风、炮火、地震以及其他灾害破坏时,一般都需要专业的修理工程队,配备供电车辆、起重车辆或高低空作业车辆、维修车辆、通信装置和野外应急照明装置等大量的专业维修装备对道路交通基础设施进行维修。道路应急救援装备是救援人员手中的利器,是武警部队和民用后勤装备的重要组成部分,是构成军民后勤保障力、武警官兵灾害抢险战斗力的重要因素,是为人民生活服务的重要技术装备,是实现快速、有力、高效保障的主要技术依托。

目前,美国、俄罗斯、日本等国家已经形成比较完备的应急救援装备体系,研制出了许多适用于应急救援的新型工程机械,如多功能滑移转向装载机、防辐射推土机、远程遥控挖掘机等。

美国制定应急救援装备标准的机构主要有美国消防协会(NFPA)和美国材料与试验协会(ASTM)。美国应急联邦管理局(FEMA)针对救援装备建立了翔实的救援设备信息管理系统,对各种应急装备进行编号分类,建立应急设备型号、性能、操作人员资料库,可根据灾害类型迅速调集相应的救援装备。美国消防协会有关消防应急救援标准分工精细,专业性、针对性强,并且覆盖消防应急救援准备、应急救援响应、应急救援装备、应急救援队伍建设、培训和演练、应急救援人员岗位资格等方面,尤其在应急救援技术和方法方面的标准非常系统、科学。

英国标准协会(BSI)2008年发布的标准《灾害与应急管理系统》,对应急管理体系框架、政府在应急管理中的作用、应急设施、军队、风险评估、灾害及其管理的相关政策、灾害与应急计划、通信与信息、公共情绪与媒体、灾害应急处置与灾害应急恢复等方面进行了详细的描述和规范。此外,BSI制定了较多应急救援装备和防护方面的标准,包括应急照明、应急出口系统、应急通信频率、放射性应急测量仪器和应急逃生自动测试系统等。

德国联邦技术救援署(THW)通过垂直性的树状组织设置,基本实现了救援力量在全国范围内的有效覆盖。THW 目前共有 13 种不同类型的专业救援小组,涉及的工作分别为基础设施、供电、照明、定位、泵水、水险、清障、爆破、后勤和物流、指挥通信、水净化、搭桥、油污处理。

在日本福岛核事故应急救援中,日本政府先后使用了泵车、CH-47 支奴干直升机、"援龙"机器人等装备,为恢复核反应堆冷却系统、降低核反应堆温度发挥了重要作用。日本政府还先后动用了 1 辆高压喷水车、11 台高压消防车、30 辆特殊消防车对核电站机组进行注水作业。澳大利亚政府向日本援助了一种特制的远程操控高压水炮,用以冷却核反应堆。美军提供了两艘一次性能装载 1 100 t 淡水的驳船,用于装载和运送淡水。美国"全球鹰"无人机和日本小型无人机参与了照相侦察行动。日本出动了 4 辆化学防护车,以及"T-Hawk"微型无人机、Packbot 机器人、Monirobo 机器人、Quince 机器人进行辐射侦察。日本在福岛核事故应急救援中使用了两种防护服,一种是消防厅注水作业使用的普通防护服;另一种是日本自卫队使用的特殊防护服。清障去污类装备主要有 Warrior 机器人、74 式主战坦克以及大型钢制浮体,用于清除高放射性物质、开辟通路以及存放放射性废水等。在福岛核事故救援期间,动用的装备器材种类之多、范围之广、科技含量之高,是历次核事故应急救援中前所未有的,已经成为核事故应急救援装备器材运用的典范。

在国际上,以 ISO、IEC、ITU 组成的国际标准化组织,均按领域制定国际标准,各组织均有相应的标准体系,其中与应急救援相关的委员会有 ISO/TC 21 消防设备、ISO/TC 92 消防安全、ISO/TC 94 个人安全防护服和防护装备、ISO/TC 96 起重机械、ISO/TC 122 包装、ISO/TC 127 土方机械等。

我国应急救援装备研发与理论研究与国外相比起步较晚,尚缺乏统筹规划和体系设计。在自然灾害救援中,清理滑坡塌方、疏通道路、破碎切割钢筋混凝土、清理救援现场的障碍物主要依靠推土机、挖掘机、装载机和起重机等工程机械来完成。这些机械装备在应急救援过程中发挥了巨大的作用,但也存在自行机动能力差、功能单一、通用性差、装备种类少、技术水平低、适应性差等问题。在应急抢险理论研究与学习方面,武警官兵缺乏对道路交通应急抢险理论知识和实践知识系统的学习,技术标准尚不能覆盖到道路应急抢通的全过程和各环节。重解决现实需求轻未来任务研究、重单项能力轻体系合力、重处置装备轻保障装备的现象还很突出,尚未形成科学、合理的道路应急抢险装备体系和标准体系。

随着科技的进步和国家政策的引导,工程机械应急救援装备迅速发展,抢险技术显著提高,应急救援装备标准体系逐渐完善。在政策制定方面,2018年2月28日,十九届三中全会通过的《中共中央关于深化党和国家机构改革的决定》提出:"加强、优化、统筹国家应急能力建设,构建统一领导、权责一致、高效权威的国家应急能力体系,提高保障安全生产、维护公共安全、防灾减灾救灾等方面能力,确保人民生命财产安全和社会稳定。"我国按照"9+4"模式,组建应急管理部,防范化解重特大安全风险,健全公共安全体系,整合优化应急力量和资源。在应急抢险技术方面,CIS、GPS、无线遥控等信息技术在应急救援设备上的应用大大提高了抢险效率。在救援理论研究方面,国内外学者对应急资源调配进行了大量的研究,提出了旅行商问题、最短路径问题、最大覆盖模型、基于精英蜂群搜索策略的人工蜂群算法等新的理论,为应急抢险基地的布局和救援路径的合理选择提供科学依据。

第2章　道路交通应急抢险装备分类

道路交通是国民经济的命脉,为了保障命脉的畅通无阻,必须应对道路交通的各种灾害。由于道路交通灾害的类型不同,其对交通道路设施造成的损毁类型也不同,应对各种交通灾害所使用的抢险装备的类型也随之不同。根据应急抢险装备使用的频次以及配备的数量,将其分为常规装备和新型装备两大类。而常规装备又根据应急装备实施的地点的不同,分为道路抢通抢修常规装备、桥梁抢修抢建常规装备、隧道抢通抢修常规装备、机场抢修抢建常规装备、港口码头抢修抢建常规装备以及其他抢险救援装备几类。

2.1　影响道路交通的灾害类型

灾害是自然因素、人为因素或人与自然综合因素引起的不幸事件或过程,它会对人类的生命财产及人类赖以生存和发展的资源与环境造成危害和破坏。根据国际 NFIRS(National Fire Incident Reporting System)5.0 的最新报告,将灾害分为以下类型,并给每种灾害类型分配了一个三维的数字编码,如表 2.1 所示。

表 2.1　灾害分类及编码

灾害编码	灾害类型	灾害实例及分类编码
100	火灾	建筑物火灾(110);车辆火灾(120);自然植被火灾(140)
200	过压或过热爆炸	蒸汽管道爆炸(210);天然气管道或瓦斯爆炸(220)
300	救援或紧急医疗事故	救助车祸被困人员(352);搜救水下被困人员(341)
400	化学品或危险品事故	可燃物溢出(411);危险化学品泄漏(421);放射物质泄漏(431)
500	服务呼叫	救助自杀倾向人员(510)

(续表)

灾害编码	灾害类型	灾害实例及分类编码
800	极端天气和自然灾害	地震(811);洪水(812);风暴(813);雷电(814)
900	特殊事故	市民抗议或暴乱(911)

在上述灾害中,可能影响道路交通的灾害主要包括火灾、过压或过热爆炸、化学品或危险品事故以及极端天气和自然灾害等。如果战争和恐怖袭击也算作一种特殊事故,会造成一定程度上的道路损毁和交通中断,那么它们同样也是影响道路交通的灾害类型。

根据影响道路交通的应急事件的发生原因,我们将道路(公路)灾害分为自然灾害和事故灾难两大类。道路自然灾害是指以自然因素为主,引起公路设施的严重破坏或公共服务质量大幅度下降,甚至引起交通中断或受阻的突发性事件。根据自然灾害的灾害成因及灾害动力来源,可以将造成交通道路突发事件的自然灾害分为地质灾害和气象灾害两种。地质灾害主要指地震灾害,以及其他地质原因引起的边坡地质灾害、地面变形破坏等;气象灾害包括暴雨洪水灾害、冰冻雪灾、风沙灾害等。这些地质灾害和气象灾害又会引起山体滑坡崩塌、泥石流和堰塞湖等次生道路灾害。

人为的事故灾难也是引起道路交通中断的另一重要诱因。这些事故灾难主要包括重特大交通事故、火灾和爆炸事故以及战争和恐怖袭击,此外,由于在交通设施的设计及施工过程中存在严重的人为失误而造成的道路损毁、桥梁断裂或隧道坍塌也属于此类事故。

针对不同类型的道路灾害,要采用不同形式的应急抢险方案,进而根据不同的方案选择配备不同型号和数量的应急抢险装备。

2.1.1 自然灾害

我国是世界上主要的"气候脆弱区"之一,自然灾害频发、分布广、损失大,是世界上自然灾害最为严重的国家之一。

(一) 地震

中国是世界上大陆区地震最多最密集的国家之一,也是世界上受地震灾害最严重的国家之一。21世纪以来全球共发生7级以上的地震1 200余次,其中有十分之一发生在中国境内。近些年来,中国平均每年发生6次6级以上的地震,每次地震不仅造成重大人员伤亡,也造成震区及周边地区公路的严重损毁。

震后道路损毁的主要原因是受地震波破坏路基,进而将路面拉裂、路面沉陷或路基塌陷,或因地震造成山体滑坡使路基失稳,滑坡体将路面掩埋,或因山体滚石阻断交通或砸坏路面,或因山体滑坡、泥石流等阻塞河道,使河水上涨后冲断道路或水淹没道路。震后道路损毁的主要形式有开裂、错动、道路滑移、坍塌、沉陷、道路挤压隆起、淹没、水毁等。

地震除了损毁道路,对桥梁和隧道也会造成严重破坏。地震会造成桥面开裂或坍塌,桥墩移位或破损,护栏变形等,严重地震会造成桥体断裂。地震也会造成隧道的洞口开裂,排水沟沉降以及隧道内路面隆起等问题,甚至可能造成隧道坍塌。无论是桥梁或隧道的破坏,都会形成交通瓶颈,必须在短时间内抢通才能保证后续救援工作的开展。

2008年5月12日14时28分,四川汶川发生了8.0级地震。瞬间山崩地裂,屋毁人亡,无数道路和桥梁受损中断。根据交通部统计的数据,汶川大地震共造成24条高速公路受到影响,161条国级、省级干线公路受损,8 618条乡村公路受损,6 140座桥梁受损、156条隧道受损,其中道路受损、桥梁损毁现象最为严重。

(二) 洪水

洪水是暴雨、急剧融冰化雪、风暴潮等自然因素引起的江河湖泊水量迅速增加,或者水位迅猛上涨的一种自然现象。我国大部分地区各个季节都会发生洪涝灾害,我国的洪涝灾害具有以下几个特点:成因和种类多样,时空分布广但不均匀,洪灾具有突发性而涝灾具有延迟性等。

洪水对道路交通的影响是十分巨大的,洪水对临河路基会产生水毁破坏或淹没,进而引起路基沉陷以及边坡垮塌。公路水毁从表现形式来看,主要有以下4种类型:路基沉陷、路基坍塌、桥涵破坏、防护与加固工程损坏。路基水毁处置因洪水造成路基冲毁的,处置原则是固基护脚,疏导水流,疏堵结合。可视水毁成因,增设护脚、坡面防护、挡墙等设施,必要时待洪水过后再行处置。小桥涵、路基边沟被泥沙堵塞需要疏通,道路被泥沙淤积需要清除。

据不完全统计,近五年来,我国国省干线公路网平均每年因暴雨、洪涝、山洪泥石流等灾害造成的公路水毁损失平均超过100亿元,且呈逐年上升的趋势。

2007年陕西省210国道宁陕境内发生了特大水毁,造成部分路段路基被掏空、塌陷、边沟堵塞、泥石流上路,部分路基、桥涵被冲毁,交通完全中断。

(三) 冰雪

低温冰雪冰冻是指长时间(持续时间6天以上)维持地面低气温(日最高气温≤1 ℃,日平均气温≤0 ℃),并伴有连续降雪、冰冻的天气过程。低温雨雪冰冻天气会造成道路积雪与结冰,严重影响各级公路的通行能力,甚至造成路网大规模车辆滞留,因此必须采取一定的破冰除雪措施,才能保证道路交通的安全畅通。随着冰冻积雪的不断加厚,抢通的公路短时间内又会被冰层重新覆盖,这时需要根据路面的不同冰冻情况,采用推土机、平地机、小型除雪车、装载机、推雪机、扫雪车等多种机械联合作业,对路面上的积冰和压实雪进行快速清除。对于积雪路段比较长或积雪比较厚的情况,可以首先采用机械抛洒化学融雪剂,然后再进行路面抢通。

在冬季的持续降雪之后,当山体斜坡积雪达到一定的厚度,在重力、汽车行驶的震动和其他外在因素的影响下,坡面积雪会沿着山体下滑而形成崩塌,这就是雪崩。雪崩会造成山区公路被淹埋、路面大量积雪等,严重影响道路交通。

2008年1月中旬到2月初,50年一遇的冰雪灾害袭击了湖南,造成严重灾害。持续出现了雨雪、冰冻、严寒天气,长沙、湘潭、娄底、邵阳、怀化等地部分县市连续12天出现了冰冻、道路结冰。据统计,这是自1954年以来湖南罕见的冰冻灾害,京珠高速因道路结冰导致近万台车辆受阻,约6万司乘人员陷入进退两难、饥寒交迫之中,受灾人数达到2 915万人,直接经济损失超过1 721亿元。

(四) 滑坡或崩塌

山体滑坡一般是暴雨或地震引发的次生地质灾害,多发于山地地貌中。滑坡是指斜坡上的土体或者岩体,受大气降水、河流冲刷、地下水活动、地震及人工切坡等各种因素的影响,在重力作用下,沿着一定的软弱面或者软弱带,整体地顺坡向下滑动的自然现象。其滑动速度在刚开始形成时通常较为缓慢,而如果有暴雨或者地震等自然因素作为促发条件,山体、岩体的滑动速度便大大增加,最快时可达到25 m/s,因为滑坡的形成和内部岩层结构联系紧密,往往不会被我们轻易察觉,所以滑坡灾害的发生往往是突发性的,且会造成非常大的损失与危害。

例如,仅甘肃盐锅峡近30年来就发生滑坡109次,造成直接经济损失可达几亿元,累计37人死亡,100余人受伤,损失巨大;另外,2009年,广东、广西发生的特大暴雨与洪水,造成多处山体出现滑坡和滑塌,阻断了多处的交通,经济损失严重。滑坡灾害对人类具有很大的威胁。

山体崩塌通常是指在陡峻的山坡上,大的岩体在自重作用下突然脱离母岩,猛烈地从陡峭斜坡上以翻滚、跳跃等形式崩落下来的现象。崩塌多发生于坡度大于55°的高陡斜坡、孤立山嘴或凹形陡坡地形,以及河流强烈切割、地势高差较大、坡度陡峻的高山峡谷区,水库库区,或发生于铁路、公路边坡,工程建筑边坡及各类人工边坡地段。斜坡的坡度越陡,越容易形成崩塌。崩塌与强烈的物理风化作用密切相关,年温差较大、大地震、暴雨、水库蓄水以及矿产开采都容易引起山体崩塌。山体崩塌不仅会阻塞掩埋道路,还会形成坠石、危岩,严重影响交通。

当崩塌阻塞工程量较小且清挖后不会再一次引发下滑坍塌时,可采用推土机、挖掘机、装载机、空压机、凿岩机、破碎锤和自卸车等土石方工程机械车辆对崩塌物进行全部清除,以尽快抢通道路。当崩塌严重,道路完全被掩埋,且清挖后可能会进一步引发山体大量下滑坍塌时,可先在崩塌体上开辟出临时通道,以解决交通问题,之后再进一步详细勘察分析崩塌路段山体稳定情况,在有针对性地对山坡进行加固处治后,再逐步清除坍塌物,恢复交通。

当崩塌物总量不大,但单个岩石巨大时,可采取避绕通过、机械推移清排或破碎分解清除等措施进行处理。当不具备避绕、推移、破碎条件时,可采取在巨石周围及适当范围内回填土石,修筑适宜机械车辆通过的坡道,让抢险救灾人员、机械及车辆从巨石及阻塞物上临时通行。

2016年7月,重庆市渝北区持续高温,山体热胀冷缩导致岩石开裂,在距离道路地面约6 m的山体发生较大面积的崩塌,道路上堆积着近200 m³从山体上崩塌下来的巨石,其中,最大的一块目测有4 t以上。因山体崩塌量大,且崩塌处距离地面比较高,坠落的巨石将道路路面砸出一条条裂缝,最宽的地方约30 cm,道路护栏也受到严重损坏。

(五)泥石流

泥石流是指在山区或者其他沟谷深壑、地形险峻的地区,由于暴雨暴雪或其他自然灾害引发的山体滑坡,并携带有大量泥沙以及石块的特殊洪流。泥石流具有突然性以及流速快、流量大、物资容量大和破坏力强等特点。泥石流常常会冲毁公路、铁路等交通设施甚至村镇等,造成巨大损失。泥石流会阻断道路交通,其主要特征有:发生时冲击力比较强,对道路的破坏力大;常沿道路横断面方向冲击,对道路通行的阻碍长度有限。在小流域内,滑坡和泥石流通常相生相伴、互为因果,对道路的损毁更为严重。

泥石流对公路的危害主要表现在三个方面:

(1) 冲毁。泥石流冲刷路基、路面,掏空桥涵基础,导致桥涵局部沉陷变形,甚至坍塌。

(2) 阻塞。泥石流携带大量堆积物阻塞河道后,造成排水不畅,甚至发生泥石流满溢改道,迫使必须改建或新建桥涵工程。

(3) 淤埋。淤埋道路以及沿线设施,导致公路中断,功能丧失,抢通困难,严重者致使整段公路改线。

据统计,我国每年有近百座县城受到泥石流的直接威胁和危害;有20条铁路干线的走向经过1 400余条泥石流分布范围内。在我国的公路网中,以川藏、川滇、川陕、川甘等线路的泥石流灾害最严重,仅川藏公路沿线就有泥石流沟1 000余条,先后发生泥石流灾害400余起,每年因泥石流灾害阻碍车辆行驶时间长达1～6个月。1978年7月暴发泥石流堵塞白龙江,甘川公路394 km处对岸的石门沟公路因此被淹1 km,白龙江改道使长约2 km的路基变成了主河道,公路、护岸及渡槽全部被毁。该段线路自1962年以来,由于受到对岸泥石流的影响已3次被迫改线。

(六) 堰塞湖

由火山熔岩流或其他地震活动等原因引起的大规模山体崩塌、滑坡或泥石流堵塞河道,造成山体峡谷间原来河流的水位不断上涨,形成临时性的湖泊称为堰塞湖。其中山体滑坡崩塌形成的堰塞湖在应急救援中最为常见,所堆积起来的坝体称为滑坡坝。

堰塞湖一般形成时间较短,堆积坝体松散,稳定性较差,坝体阻塞河道,造成上游回水淹没村庄和道路。同时随着洪水体积、高程的增加,天然滑坡坝体很容易出现管涌、坝顶漫溢等造成短时间内溃坝。堰塞湖形成的道路损毁的主要特征是水淹路段较长,宽度较宽。堰塞湖处置措施主要有以下几点:

(1) 爆破泄洪。爆破泄洪一般是采用人工上堤坝装埋炸药完成的,是及时解决堰塞湖危机的方案。爆破泄洪的决策是在最紧急情况下,即下游地区将面临灭顶之灾,并且在人员已经被成功转移的前提下才可以实施。爆破泄洪比较适合于库区水容量不是很大的情况,并且实施爆破泄洪的最佳时机是在堰塞湖形成的初期。

(2) 人工开挖泄流措施。此类方法治理的原理是疏导水流,控制堰塞湖水位。泄流措施包括人工开挖明渠、泄流槽或泄洪洞。该类处理措施是在保证堰塞坝稳定的条件下进行的,通过水流下泄,保持上游水位不变或逐渐降低上游水位来保证堰塞坝上下游的安全。但是这种方法不容易对上游淤积物进行很好的处理,将使得堰塞坝上游河床不断抬升,因此,在处理的过程中需要考虑如何下泄上游淤积物。这种方法是解决分散、水位较低、流量较小的中小型堰塞湖和灾害晚期、重建工程开始的情况下所采用的决策。

(3) 堰塞坝加固。在详细的工程地质勘查和未掌握下游人员疏散情况的决策背景下,通常会采用加固堰塞坝的方法。这种方法对下游将存在安全隐患,通常不建议采用。对于工程实际来说,应结合现场工程地质条件、上下游生命财产安全等实际情况,然后采用合理的处理措施。当然,一些小型堰塞湖在形成不久之后将会自动溃决或者水位漫顶,并不需要采用一定的工程处理措施。

1996年9月18日,贵州印江县发生大型山体滑坡。滑坡体堵塞印江河形成堰塞湖。工程应急处理措施是在左右岸开挖导流兼泄洪洞和实施堆体整治工程。泄洪洞开挖采用水下岩塞爆破施工方案,印江岩口岩塞属大型深水岩塞,为泄渣、排孔、敞开式岩塞爆破类型。工程采用岩塞爆破开挖3条导流洞,并对滑坡坝体进行改造,形成库容达6.4亿 m^3 的水库,解除了洪水威胁。

2.1.2 事故灾难

(一) 重特大公路交通事故

我国汽车保有量约占全世界的2%,但是交通事故死亡人数却占全世界的15%,为全世界最高。严重的道路交通事故,不仅会造成人员伤亡,还会造成不同程度的交通设施的损害,进而形成严重的交通阻塞。

为了尽快疏通道路和救治伤员,需要各种清障车和吊车,处理损毁车辆和快速清理出生命通道。当车辆严重损毁,清障车无法拖牵时,需放置在托盘车上进行清理。车辆同时要配备专用的破拆工具,这种工具是为专门解救事故受害者而设计的。它体积较小,便于携带,工作性能高,可在几分钟内将变形的车辆解体,救出被困的人员,减少人员伤亡,降低事故损失。

2017年5月23日,京昆高速公路(G5)河北省张石保定段浮图峪5号隧道内发生了一起重大交通事故。事故是由于车辆连续追尾,使得其中一辆运输化学品的罐车发生爆炸起火,并诱发多辆运煤车辆燃烧,最终造成13人死亡、多人受伤和大量财物损失的重大交通事故。

(二)火灾及爆炸事故

公路上发生的火灾大多数是由于车辆碰擦、追尾或相撞等交通事故引起的,但是也有车辆由于维修保养不当,发生自燃事故。如果运营车辆恰好为运送危险品的车辆,那将给道路、交通和桥梁造成更为严重的损害。

2012年6月22日,一辆运载烟花爆竹的大型货车,行驶至福银高速公路汉口至十堰段K1171+200 m处时,车辆突然发生爆炸,车上3人当场死亡,K1171+150 m至K1171+300 m双向超车道及中间隔离带被炸出一个直径5 m、深3 m的大坑。

2013年2月1日,一辆装载烟花爆竹的货车自西向东行驶至连霍高速河南三门峡渑池段741 km处的义昌大桥时,突然发生爆炸,导致义昌大桥连霍高速洛三段南半幅K741+900 m处义昌大桥发生垮塌事故,坍塌桥面长80 m,北半幅桥板也有一些松动,造成了连霍高速双向断行,事故导致10死11伤。

相对于暴露在露天的公路和桥梁火灾,隧道里发生的火灾和爆炸事故将会带来更加严重的灾害,而且抢通抢修更加困难。隧道内一旦发生火灾,产生的热量和燃烧的气体迅速扩散,往往会导致车辆的损毁以及隧道设施的破坏,甚至会破坏隧道结构,势必影响整条线路的通行,导致交通阻塞和中断,而修复隧道往往要花数月或更长时间,会对经济生产和社会生活造成严重影响。

2005年12月22日14日40分,四川省都江堰至汶川高速公路董家山隧道工程发生特别重大瓦斯爆炸事故,造成44人死亡,11人受伤,直接经济损失2 035万元。董家山隧道左线全长4 090 m,右线全长4 060 m,事故发生时右线隧道完成开挖1 487 m、衬砌1 419 m。事故的直接原因是由于掌子面处塌方,瓦斯异常涌出,致使模板台车附近瓦斯浓度达到爆炸界限,模板台车配电箱附近悬挂的三芯插头短路产生火花引起瓦斯爆炸。

除此之外,爆炸事故也会给港口码头的安全造成威胁。2015年8月12日,位于天津市滨海新区的天津港发生危化品仓库火灾爆炸事故,造成165人遇难,8人失踪,798人受伤。304幢建筑物、12 428辆商品汽车、7 533个集装箱受损。港口区域大面积损毁,建筑物、基础设施、港口设施以及包括海运集装箱和汽车在内的存放货物受损严重,数千辆进口汽车在事故中烧毁和损坏。

(三)战争和恐怖袭击

除了上述两种人类非主观故意造成的道路交通灾害以外,战争或空袭则是主观意义上对道路交通设施进行破坏。战争中破坏道路设施是最为直接且便捷的打击敌人的方法,如飞机投弹或发射导弹炸垮险要地段路基,或炸断跨江、跨河大桥和机场跑道等。第二次世界大战后,随着武器的升级换代,除了飞机以外,导弹、火箭和无人机使用较为普遍,并出现了专门的钻地弹、延时弹和子母弹等新型破坏武器。这些武器的投放精度越来越高、破坏性越来越大,因此常被用于精准打击道路、桥梁、隧道和机场等基础设施目标。

1999年科索沃战争是以大规模空袭作为作战方式的标准战例。以美军为首的北约凭借占绝对优势的空中力量和高科技武器,对南联盟的军事目标和基础设施进行了连续78天的轰炸,造成了大量的人员伤亡和基础设施损坏,其中就有12条铁路被毁,50座桥梁被炸毁。最终,北约在没有派遣出地面部队的情况下就取得了战争的胜利。

恐怖活动通常是与战争紧密联系在一起的。桥梁作为交通基础设施中的咽喉,且暴露于外界环境中,包括恐怖分子在内的任何人都能轻易进入。恐怖分子通常使用汽车炸弹、人体炸弹、遥控炸弹和地雷打击民用和军事交通设施,炸毁重要的桥梁,袭击公路上的运输和巡逻车队。2007年伊拉克首都发生自杀式炸弹袭击桥梁事件,袭击者在桥中央引爆炸弹,桥梁瞬间垮塌,造成至少10死26伤。

2.2 道路交通设施损毁类型

2.2.1 道路损毁类型

道路损毁程度分级特征描述与指标体系如表2.2所示。

表 2.2 道路损毁程度分级表

道路损毁程度	道路损毁特征	道路损毁度（分级指标 A）
较轻微损毁	道路路面小部分损坏,但不影响交通工具的通行	$A \leqslant 0.01$
轻微损毁	道路路面部分破坏,影响部分交通工具的通行,但工程机械可以通行(道路被低矮植被、泥土掩埋,可通过工程机械快速进行清理修复)	$0.01 < A \leqslant 0.10$
较严重损毁	道路大部分被破坏,影响交通工具的通行,同时影响工程机械的通行(道路被混有岩块的滑坡和崩塌体掩埋或路面严重塌陷,可在短期内通过工程机械进行清理修复)	$0.10 < A \leqslant 0.20$
严重损毁	道路大部分被破坏,影响所有交通工具和工程机械的通行,但可通过抢险施工进行修复(道路被混有较大或较多岩块的滑坡或崩塌体掩埋,或路面严重塌陷,在短期内只有通过大型工程机械才能进行清理修复)	$0.20 < A \leqslant 0.30$
完全损毁	道路大部分被破坏,影响所有交通工具和工程机械的通行,无法在短期内进行修复(道路被大型滑坡掩埋,或道路断裂,或道路被水体淹没,或桥梁发生严重损毁,无法在短期内抢通)	$A > 0.30$

2.2.2 桥梁损毁类型

桥梁是整个道路交通的咽喉部位,在公路运输事业中有着举足轻重的地位,一旦出现质量问题,给国家和人民造成的损失将是巨大的。近些年,各种类型的自然灾害和人为事故正在不同程度地侵扰着我国正在服役的 30 多万座既有桥梁。中国的桥梁垮塌事故中,主要诱因是人为因素的占三分之二,包括设计、施工和超载超速驾驶等。这种桥梁垮塌事故和地震造成的桥梁损毁的不同之处在于破坏往往是从桥面部分特别是桥板连接处引起的,而不是由桥墩下部的河床沉降开裂引起的。为了更好地抢通、抢建和抢修各种公路桥梁,首先必须研究桥梁损毁的类型,有针对性地制定预案,选择合理的设备对桥梁进行修复。

地震是造成桥梁损毁的主要灾害,地震造成的桥梁损毁类型主要包括上部结构破坏、支座破坏、下部结构破坏和基础破坏等形式。

1. 上部结构坠毁

由于支承连接件失效或下部结构失效等引起的落梁现象,在破坏性地震中常有发生,其中绝大多数是在顺桥向发生落梁。

2. 支座破坏

桥梁支座、伸缩缝、剪力键、支承连接件等,被认为是桥梁结构体系中抗震性能比较薄弱的环节。支座的破坏形式主要表现为:支座移位、锚固螺栓拔出、剪断、活动支座脱落、支座本身构造上的破坏。

3. 下部结构破坏

下部结构破坏包括墩柱弯曲、墩柱剪切破坏、桥台震害等。

墩柱弯曲破坏:弯曲破坏是延性的,多表现为开裂、混凝土剥落压溃、钢筋裸露和弯曲等,并产生很大的塑性变形。墩柱剪切破坏:剪切破坏是脆性的,往往会造成墩柱及上部结构的倒塌,震害较为严重。桥台震害:桥台的震害在地震中是较为常见的,由于地基丧失承载力等引起桥台滑移、台身与上部结构的碰撞破坏和桥台倾斜。

4. 基础破坏

扩大基础的震害一般是由地基失效引起的,桩基础的震害,除了地基失效这一主要原因外,还有上部结构传下来的惯性力所引起的桩基剪切、弯曲破坏,更有桩基设计不当所引起的震害。

除了地震以外,洪水也是造成桥梁破坏的重要灾害。桥梁在水毁过程中,由于受到水流的冲击力与水中漂流物的撞击,上部结构、下部结构与附属结构出现了严重破坏现象,对桥梁的承载能力、稳定性都造成了严重影响。桥梁水毁的主要破坏形式包括墩台塌陷、裂缝、桥梁结构被冲毁等主体结构破坏,也包括锥坡冲刷严重、护栏受损以及桥面裂缝等附属结构破坏。针对不同的破坏形式要采取相应的加固措施,以增强桥梁的承载力,延长桥梁使用寿命。

2.2.3 隧道损毁类型

我国是一个多山的国家,全国总面积中近三分之二的面积为山地和丘陵。在这些地区,为保证高等级公路技术要求,经常采用隧道穿山越岭。据统计,我国公路隧道总数已达1 782座,总长度704 km,是世界上公路隧道最多的国家。由于隧道的入口多为弯道和坡道路段,隧道内外光线差异较大,再加上隧道内容易积水而且通风性能较差,使得隧道内极易发生交通事故。而且由于隧道的建筑特点,一旦在隧道内发生交通事故,抢修和救援的难度将非常大。营运车辆在隧道内起火、爆炸也会造成隧道结构的破坏,甚至导致隧道坍塌。隧道的抢通危险性非常大,需要首先支撑加固,然后再进行疏通。

地震、洪水和泥石流等自然灾害都能导致破坏或阻塞隧道,尤其以大地震造成的隧道破坏较为突出。地震造成的隧道损毁的主要形式包括:隧道塌方、隧道开裂、衬砌变形和隧道渗水,也可能是以上几种形式的组合。

在公路隧道的众多破坏形式中,隧道塌方是最常见的一种破坏形式,也是对隧道交通威胁最大,工程上最难处治的破坏形式。隧道塌方主要指隧道的崩塌或滑塌,包括洞口的塌方和洞身的塌方两种。隧道洞口(进出口)是隧道唯一暴露在外的部分,其覆盖层一般较薄。洞口边坡震害是一种常见的隧道损毁形式,一般以不同程度的高位崩塌、落石和滑塌为主,往往造成隧道洞门破坏,部分或全部被掩埋。此类震害多发生在全强风化、破碎岩体构成的高陡斜坡隧道洞口,特别是在边坡防护不足的隧道洞口发生频率较高。崩塌和滑塌的主要危害是部分或全部掩埋洞口、损毁洞门结构和边坡防护结构等。洞身围岩塌方主要发生在距离震中较近的软弱围岩隧道中,主要表现为衬砌与围岩同时坍塌和二次衬砌坍塌两种形式。其中前者往往封闭隧道,后者主要发生在洞身拱腰以上的部位,混凝土断裂面有张性和剪力两种。

开裂破坏是指隧道端墙式和柱墙式洞门结构产生了大量破裂与损毁,其具体表现形式为端墙、拱圈、翼墙开裂,伸缩缝扩张,拱圈与端墙脱开以及冒石掉落等。同时,如果隧道贯穿地震断层,或沿线地层条件变化大,洞身也会形成较大的开裂破坏。震后隧道形成的永久变形,表现形式为隧道底部沿横向产生错台隆起,或在拱肩及仰拱处衬砌伴生横向裂缝等。

地震后,断层发生错动,断层及裂隙中的地下水连通,加之隧道结构防护排水系统受损,可能有大量的地下水涌入隧道,如此时又发生隧道基底破坏或塌方堵塞涌水的排泄通道,将造成隧道积水甚至淹没,造成不可挽回的后果。隧道遭遇大的水灾或较长时间的浸泡,极有可能引起塌方等并发性灾害,特别是过江隧道、过河隧道和海底隧道,渗水引起更大灾难的风险更大,因此一定要对隧道渗水问题引起足够的重视。

除了自然灾害,人为因素也会造成隧道的破坏。战争情况下,敌方对我方隧道等重要交通枢纽的破坏活动势必加剧,隧道遭受导弹、炮弹直接打击的概率及被击中的可能性将大大增加。战争对隧道的破坏形式通常有如下几种模式:一是对隧道洞口的打击破坏造成隧道洞口的垮塌。因隧道口目标较为明显,相对隧道中部其覆盖厚度较小,较易被炮弹或航弹击中。敌方通过破坏隧道洞口,较易达到中断我方交通线的目的,但是这种破坏较易抢通,属于轻微或中等程度破坏。二是敌方钻地炸弹对隧道中部的打击而导致隧道顶部的震塌或贯穿破坏。其中对隧道的贯穿破坏会造成隧道顶部、底部均有弹孔且伴有块石和碎石掉落,这属于中等程度的破坏。若钻地炸弹使得隧道被震塌,且伴有块石和碎石不断从隧道顶部滚落下来,就会威胁到隧道的抢通作业,属于严重破坏。

人为的意外事故也会造成隧道的损毁,比如交通事故或隧道内的火灾(爆炸)。隧道内的单纯的交通事故,如车辆碰撞、行车与隧道的碰擦,可能会造成短暂的交通中断,不会对隧道造成大的伤害。但是如果这些交通事故引发了隧道内的火灾,就会损毁车辆、危害机动车驾驶员,甚至会烧毁隧道内部的设施,并造成隧道结构承载能力下降,就会对隧道造成较为严重的损伤。最极端的情况是由于车辆载有易燃易爆物品,造成了隧道内部的爆炸,这将会造成隧道的严重塌方,并释放出有毒有害气体,必将造成极大的人员伤亡及财产损失,给抢通救援带来极大困难,被视为最严重的隧道破坏形式。

2.2.4 机场损毁类型

机场场道、道面,在遭受自然灾害、恐怖袭击和战时的火力打击时,会造成不同程度的损坏,通常表现为道面断裂、场道塌陷、炸弹弹坑等。在战争条件下,跑道被炸弹、导弹或其他重型武器击中后,损毁形式多种多样,主要有明坑、暗坑和坑洞三种。这些机场的损害使飞机难以起飞和降落,从而失去战斗力。

机场遭到敌方袭击或其他形式破坏后所进行的紧急修复,目的是在最短的时间内修复供飞机应急起降的飞行场地(水区)及保障设施。其分为陆上机场抢修和水上机场水区抢修。陆上机场抢修,包括修复跑道、供电、场道灯光、拦阻设备等飞行保障设施和补设飞行标志。跑道的长度和宽度按飞机性能确定,一般长 1 500~1 800 m,宽 20~30 m,并能满足飞机对道面强度、平整度和抗滑的要求。通常是勘察机场破坏情况,排除未爆炸弹,填补弹坑,修补道面和飞行保障设施。勘察的内容主要是查明未爆炸弹位置、数量和侵彻情况,对抢修预案加以修正,确定抢修工作量最小的方案;排除未爆炸弹,通常采用专用装备引爆和拆除引信等方法;填补弹坑,一般先回填弹坑周围的道砟,再铺垫碎石、沙子等填料,并分层压实;修补道面,视弹坑大小和备料情况,采用铺设金属道面板、预制混凝土板、快凝水泥现场浇筑、碎石填补等方法进行。水上机场水区抢修，主要包括：查明水区未爆炸弹和水雷的位置、数量，排除水雷和未爆炸弹，清除水中障碍物，修复上下水滑行道和起降信号浮标等飞行保障设施。

2.2.5　港口码头损毁类型

港口、码头，包括公路渡口，是具有水陆联运设备和条件，供船舶安全进出和停泊的运输枢纽，是水陆交通的集结点和枢纽，工农业产品和外贸进出口物资的集散地，船舶停泊、装卸货物、上下旅客、补充给养的场所。截止到2017年，我国有年吞吐量超亿吨的大港34个，沿海万吨级及以上泊位1 807个，内河港口万吨级及以上泊位414个。同时，我国内河渡口作为公共交通设施的延伸部分，通过多年的建设已经初具规模，目前我国共拥有内河渡口约1.9万处，年均渡运总量达3.8万人次。

引起港口码头破坏的主要原因包括：各类自然灾害引起的破坏，例如地震、洪水和台风等导致的港口码头设施的破坏；意外事故的破坏，如船舶和码头碰撞、船舶和码头发生火灾等；战争或恐怖袭击的破坏，如炮弹直接炸毁码头或炸毁船舶堵塞航道等。

港口损毁包括码头连线道路损毁、码头损毁或渗水以及航道堵塞等形式。对码头进行抢修，需要配备货车、推土机、装载机、自卸车、压路机、大型拖车、挖掘机和吊车等工程机械，同时准备编织袋、草袋、片石、油布和沥青等抢修器材。对遭受破坏的固定码头，应根据破损程度，采用填充空洞、覆盖钢板和加固支撑等措施；当活动码头遭受破坏时，可采用堵漏、局部焊接等修补措施。应对航道堵塞的方法是应急清障，首选方案是用拖船将障碍物脱离码头前沿，满足渡船的停泊要求。也可以用工程船将障碍物吊离河底，并可采用边吊边拖的措施，设法将障碍物拖离码头。如果当地没有起吊船，可应急征集几台汽车吊在渡船上实施起吊作业。

当码头受到比较严重的破坏而无法在短期内修复时，可以抢建临时码头或组装民舟浮桥用以保障通行。临时码头可以采用快速修筑水泥混凝土斜坡码头，或者利用推土机、压路机对场地进行削坡平整和适度碾压，然后直接快速摊铺模块化可组装路面板，形成岸滩路面。同时可以利用可拼组式浮箱临时架设或组装公路浮桥、浮码头或浮栈等，也可以利用机动民船、拖船以及装配式公路钢桥器材，组合成民舟浮桥，保障临时通行。

2.3 道路交通应急抢险装备分类

如图2.1所示,各种道路交通灾害造成了道路、桥梁、隧道、港口码头和机场等交通设施的损毁,通过分析各种交通设施具体的损毁类型,才能合理配置抢险救援装备。

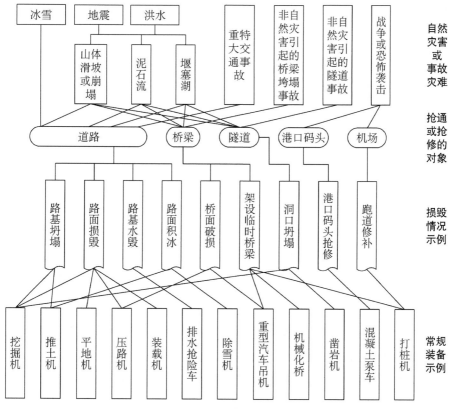

图2.1 不同的灾害类型以及道路损毁情况应用的常规装备示例图

2.3.1 道路抢通抢修常规装备

道路抢通前,应对抢通环境进行评估,如风险过大应采取必要的安全防护措施,保证抢险人员和装备的安全。道路抢通过程中,应充分利用履带式挖掘机或推土机能适应各种复杂地形的优势,多点平行作业,加快抢通速度,再辅以装载机、平地机对粗通路段进一步修整。

路基路面抢通抢修常规装备包括挖掘机、推土机、装载机、起重机、自卸汽车、平地机、压路机和其他道路抢通抢修常规装备。

挖掘机又称挖掘机械或挖土机,是用铲斗挖掘高于或低于承机面的物料,并装入运输车辆或卸至堆料场的土方机械。

推土机是一种能够进行挖掘、运输和排弃岩土的土方工程机械,在露天矿有广泛的用途。例如,用于建设排土场,平整汽车排土场,堆集分散的矿岩,平整工作平盘和建筑场地等。它不仅用于辅助工作,也可用于主要开采工作。例如,砂矿床的剥离和采矿,铲运机和犁岩机的牵引和助推,在无运输开采法时配合其他土方机械降低剥离台阶高度等。

装载机是一种广泛用于公路、铁路、建筑、水电、港口、矿山等建设工程的土石方施工机械,它主要用于铲装土壤、砂石、石灰、煤炭等散状物料,也可对矿石、硬土等做轻度铲挖作业。换装不同的辅助工作装置还可进行推土、起重和其他物料如木材的装卸作业。

起重机是指在一定范围内垂直提升和水平搬运重物的多动作起重机械,又称天车、航吊、吊车。

自卸汽车是指利用本车发动机动力驱动液压举升机构,将其车厢倾斜一定角度卸货,并依靠车厢自重使其复位的专用汽车。

平地机是利用刮刀平整地面的土方机械。刮刀装在机械前后轮轴之间,能升降、倾斜、回转和外伸。动作灵活准确,操纵方便,平整场地有较高的精度,适用于构筑路基和路面、修筑边坡、开挖边沟,也可搅拌路面混合料、扫除积雪、推送散粒物料以及进行土路和碎石路的养护工作。

压路机又称压土机,是一种修路的设备。压路机又分钢轮式和轮胎式两类。压路机在工程机械中属于道路设备的范畴,广泛用于高等级公路、铁路、机场跑道、大坝、体育场等大型工程项目的填方压实作业,可以碾压沙性、半黏性及黏性土壤,路基稳定土及沥青混凝土路面层。压路机以机械本身的重力作用,适用于各种压实作业,使被碾压层产生永久变形而密实。

2.3.2 桥梁抢修抢建常规装备

桥梁发生灾害后,应首先根据灾害类型对受损构件进行应急加固处理,然后就地取材,采用简单、快捷、有效的方法,在最短时间内恢复通行能力。如果不能在短时间内抢修好,在短时间内搭建各种临时的应急机械化桥或浮桥,是应对桥梁突发事故的常用技术。

桥梁抢修抢建常规装备包括重型汽车吊机、装配式公路钢桥、机械化桥、应急快速桥和其他桥梁抢修抢建常规装备。

重型汽车吊机是装在普通汽车底盘或特制汽车底盘上的一种起重机,其行驶驾驶室与起重操纵室分开设置。这种起重机的优点是机动性好,转移迅速;缺点是工作时须支腿,不能负荷行驶,也不适合在松软或泥泞的场地上工作。

装配式公路钢桥(又称贝雷钢桥)有结构简单、构件轻巧、运输方便、组合灵活、架设快速、拆装方便、构件可重复利用的特点,同时具备承载能力大、结构刚性强、疲劳寿命长等优点,并能根据工程设计需要组合成不同跨径、类型和用途的桥梁,在国内外的军事运输、抢险救灾、国防建设、水利工程、道路交通等领域发挥着重要作用,并得到广泛的应用。

机械化桥是由专用基础车载运,并用该车上的机械装置架设、撤收的多跨制式桥梁器材。它通常由数辆桥车组成,桥车上载有上部结构、桥脚、架桥装置和辅助器材。一般机械化桥除了架设低水桥以外,还可以架设水面下桥。

应急快速桥包括应急模块桥和应急动力舟桥。应急模块桥用于保障重型装备、车辆克服深度 5.5 m 以内、流速不大于 2 m/s 的中小河川、干沟和沼泽等障碍,是一种可多跨连续架设的模块机械化桥。而应急动力舟桥是一种每个浮体单元自带动力、架设快速、机动灵活,集浮桥、渡运于一体的新型舟桥,用于在紧急或非正常状态时,快速架设通道,保障 70 t 级重型装备和车辆迅速克服江河、湖泊等障碍。

其他桥梁抢修抢建常规装备包括山地高原伴随桥等,山地高原伴随桥主要用于伴随山地高原部队,摩托化部队机动,快速架设桥梁,保障轮式车辆及轻型履带车辆快速克服河谷、弹坑等天然或人工障碍;也可用于抢修、加强已有固有桥梁。

2.3.3 隧道抢通抢修常规装备

隧道抢通抢修常规装备通常包括凿岩机、空压机、混凝土喷射机、混凝土搅拌机、支撑台车、通风机、履带式隧道掘进机和其他隧道抢通抢修常规装备。

在隧道施工中,以压缩空气为动力的机械包括岩凿机、风钻台车、装渣机、混凝土喷射机和压浆机等。为了保证这些机具的正常工作,需要根据供风能力和压力损失等参数配备一定数量的空压机。同时,为了排出隧道损毁过程(隧道发生爆炸事故)和修复过程中产生(使用内燃机排放,开挖地层中释放)的有害气体,必须配备通风机,以保证受伤人员的救治以及隧道抢通作业的顺利进行。

若塌方中的塌体块大,难以直接挖掘清理,可采用隧道施工机械,如履带式隧道掘进机、风动式、液压式或内燃式等多种岩凿机,进行打碎处理。当有条件时,还可以利用凿岩台车进行施工。凿岩台车是指将多台岩凿机安装在一台专门的移动设备上,可实现多台岩凿机同时施工,大幅度提高工作效率。出渣时可采用轮胎式或履带式装载机、爪式扒渣机、耙斗式装渣机和铲斗式扒渣机等多种清理机械进行联合作业,然后利用自卸汽车等车辆运送渣土。

在隧道损毁或抢通过程中,如果出现涌水事故,需要超前钻孔或辅助坑道排水,或采用超前围岩预注浆堵水施工,也可以采用深井泵降低水位。

凿岩机,是用来直接开采石料的工具。它在岩层上钻凿出炮眼,以便放入炸药去炸开岩石,从而完成石料开采或其他石方工程。此外,凿岩机也可改作破坏器,用来破碎混凝土之类的坚硬层。凿岩机按其动力来源可分为气动凿岩机、内燃凿岩机、电动凿岩机和液压凿岩机等四类。凿岩机是按照冲击破碎原理进行工作的,工作时活塞做高频往复运动,不断地冲击钎尾。在冲击力的作用下,呈尖楔状的钎头将岩石压碎并凿入一定的深度,形成一道凹痕。活塞退回后,钎子转过一定角度,活塞向前运动,再次冲击钎尾时,又形成一道新的凹痕。两道凹痕之间的扇形岩块被由钎头上产生的水平分力剪碎。活塞不断地冲击钎尾,并从钎子的中心孔连续地输入压缩空气或压力水,将岩渣排出孔外,即形成一定深度的圆形钻孔。

空压机是空气压缩机的简称,是一种以电动机或内燃机为动力,通过压缩机将自然空气压缩成压缩空气,借以提高气体压力的机械。它将压缩空气供给各类气动机具使用,是一切气动机具的动力源。空压机主要用于带动气动凿岩机穿孔,气镐、气锹挖掘硬冻土壤,气动装岩机除渣,气动圆锯、链锯进行木材加工和混凝土振动器进行混凝土捣固作业,也可直接利用压缩空气进行混凝土输送、浇筑和喷射,深管井汲水,疏通管道,喷砂除锈和充气等作业。

混凝土喷射机是指利用压缩空气将按一定配比的混凝土形成悬浮状态的气流并喷射到被敷表面形成密实的混凝土层,以达到支护目的的机械设备。混凝土喷射机是喷射混凝土施工中的核心设备,与其配套使用的机械设备有机械手、空压机、供水系统、配料及搅拌上料装置、速凝剂添加装置等,这些设备通过不同的配备组合,可实现多种工艺流程,也可将这些设备组装于一体构成集储料、搅拌、喷射于一体的三联机,从而提高整个混凝土喷射施工过程的机械化程度。混凝土喷射技术自20世纪50年代在地下开拓工程中应用以来,由于它具有机械化程度高、工艺简单、生产效率高等优点,所以,在建筑、市政、铁道、矿山等行业的地下、地面的混凝土工程中,被许多国家广泛采用,并显示出较好的技术、经济效益。这种工艺与一般的混凝土浇筑工艺相比,进度快1~3倍,节约原材料达40%~50%,工程质量高,成本可降低30%以上,且可以节约劳动力60%。当前喷锚支护工艺在地下建筑工程中已成为一种重要的支护形式,尤其是为各种形状的地下和地面混凝土工程提供了一种较为先进的手段,并充分显示出其优越性。

混凝土搅拌机是把水泥、砂石骨料和水混合并拌制成混凝土混合料的机械,主要由拌筒、加料和卸料机构、供水系统、原动机、传动机构、机架和支承装置等组成。按工作性质分间歇式(分批式)和连续式;按搅拌原理分自落式和强制式;按安装方式分固定式和移动式;按出料方式分倾翻式和非倾翻式;按拌筒结构形式分梨式、鼓筒式、双锥式、圆盘立轴式和圆槽卧轴式等。

混凝土泵车是利用压力将混凝土沿管道连续输送的机械,由泵体和输送管组成。按结构形式分为活塞式、挤压式、水压隔膜式。混凝土泵车是在载重汽车底盘上进行改造而成的,它是在底盘上安装有运动和动力传动装置、泵送和搅拌装置、布料装置以及其他一些辅助装置。混凝土泵车的动力通过动力分动箱将发动机的动力传送给液压泵组或者后桥,液压泵推动活塞带动混凝土泵工作。然后利用泵车上的布料杆和输送管,将混凝土输送到一定的高度和距离。

全断面钢模板衬砌隧道台车(简称台车),是以电动机驱动行走机构带动台车行走,利用液压油缸调整模板到位及收模的隧道混凝土成型的机器。它具有成本较低、结构可靠、操作方便、衬砌速度快、隧道成型面好等优点,广泛适用于曲拱断面的电站、铁路及公路隧道。

通风机是依靠输入的机械能,提高气体压力并排送气体的机械,它是一种从动的流体机械。排气压力低于1.5×10^4 Pa。现代通风机广泛用于工厂、矿井、隧道、冷却塔、车辆、船舶和建筑物的通风、排尘和冷却,锅炉和工业炉窑的通风和引风,空气调节设备和家用电器设备中的冷却和通风,谷物的烘干和选送,风洞风源和气垫船的充气和推进等。

隧道掘进机是一种高智能化,集机、电、液、光、计算机技术为一体的隧道施工重大技术装备。在发达国家,使用隧道掘进机施工的隧道已占隧道总量的90%以上。随着中国国民经济的快速发展,国内城市化进程不断加快,中国城市地铁隧道、水工隧道、越江隧道、铁路隧道、公路隧道、市政管道等隧道工程将需要大量的隧道掘进机。按掘进机在工作面上的切削过程,分为全断面掘进机和部分断面掘进机;按破碎岩石原理不同,又可分滚压式(盘形滚刀)掘进机和铣切式掘进机。中国产品多为滚压式全断面掘进机,适用于中硬岩至硬岩。铣切式掘进机适用于煤层及软岩中。在推进油缸的轴向压力作用下,电动机驱动滚刀盘旋转,将岩石切压破碎,其周围有勺斗,随转动而卸到运输带上。硬岩不需支护,软岩支护时可喷射、浇灌混凝土或装配预制块。该机在岩性均匀、巷道超过一定长度时使用,经济合理。

2.3.4 机场抢修抢建常规装备

对机场场道、道面的抢修是指用最短的时间修复好可供飞机起降的跑道和必须滑行的通道及停机坪,使战斗力迅速恢复,并确保飞机滑行、起飞、着陆时的安全,要求修复后的场道、道面必须有足够的承载强度,良好的平整度和粗糙度。由于抢修时间紧迫,场道基础、道面抢修不能按平时的施工工序施作,紧急时可以不彻底清除坑槽内的松散物,甚至可以回填大粒径坚硬物体,但要确保回填间隙密实和简单压实,保证短时间内不发生沉陷。也可以通过无机聚合物混凝土、速凝混凝土等进行回填修复。

损毁道面及坑槽快速清理,主要采取切割、破拆、装运等机械设备,对遭到损毁的道面进行清理,完成道面破损范围确定、切割道面板、破拆、土石方清理、装运卸等清理作业。

坑槽回填处理,主要是使用推土机、装载机、压路机或强制夯实机等机械设备,对坑槽进行分层填筑、整平、碾压,适用于道面断裂、场道塌陷等道面破坏较大的情况。紧急情况下,中、小型坑槽可采用填沙袋或使用特殊材料回填,并要求采用分层填筑作业法,主要包括填筑作业、整平作业和碾压作业。在机场道面抢修中,一般不单做道面基础而直接在填补的基层上做面层,因此弹坑填补的质量和完成的时间对整个抢修至关重要。

道面快速抢修是指使用折叠式玻璃钢道面板、钢筋混凝土预制板、快凝水泥砂浆、碾压混凝土等材料进行快速抢修损毁道面作业。拼装式道面板是预先预备好的各种道面板材,通常成批成套。常用的有玻璃钢道面板、水泥混凝土道面板、钢道面板、铝合金道面板,以及用硬质聚氨基甲酸酯泡沫或铝箔制蜂窝状材料填芯的纤维增强聚酯夹层板等。目前,使用玻璃钢道面板和水泥混凝土道面板快速抢修是机场道面抢修中最常用的方法之一。快硬水泥砂浆适用于小的坑槽修补,主要依靠砂浆的流动性,将砂浆灌入大孔隙的碎石中,砂浆凝固后与碎石黏结在一起,形成承载面,满足战时飞机应急起降使用。此方法用材普遍,成本较低,工艺简单,便于组织。贫混凝土是一种小水灰比的混合料,属于硬性混凝土,经摊铺碾压后,可快速提高混凝土的强度,使修复道面具备承载能力。此方法取材方便,操作简便,抢修速度快,在快速抢修道面时具有明显的时间优势。

2.3.5 港口码头抢修抢建常规装备

我国海域辽阔、水系发达、港口码头众多,现有的中小型军港码头或民用码头在遭遇台风、炮火以及其他情况遭受破坏时,一般都需要专业的码头修理工程队,配备供电车辆、起重车辆或高低空作业车辆、维修车辆和野外应急照明装置等大量的专业维修装备进行维修,这种作业方式虽然能够完成港口码头的维修和抢修任务,但存在所需装备数量多、机动性差、现场作业人员多、指挥协调难度大、经费需求大的缺陷,已经越来越不适应保障港口码头正常运行的日常维护与应急抢修的需要。

港口码头作为物资水陆转运的重要基地,其状况好坏直接影响到货物流动效率。针对港口码头轻度破损情况下的特点和实际需求,需研发港口码头抢修抢建常规装备,实现对港口码头及附属设施的状态检测、日常维护和抢修保持其运行正常,降低维护成本,延长使用寿命。

港口码头抢修抢建常规装备包括打桩机、插板机和其他港口码头抢修抢建常规装备。

打桩机由桩锤、桩架及附属设备等组成。桩锤依附在桩架前部两根平行的竖直导杆(俗称龙门)之间,用提升吊钩吊升。桩架为一钢结构塔架,在其后部设有卷扬机,用以起吊桩和桩锤。桩架前面有两根导杆组成的导向架,用以控制打桩方向,使桩按照设计方位准确地贯入地层。打桩机的基本技术参数是冲击部分重量、冲击动能和冲击频率。桩锤按运动的动力来源可分为落锤、汽锤、柴油锤、液压锤等。

插板机是一种新型打桩机械,主要用于沿海软基处理,围海造地施工领域,主要由主架、底盘和动力系统组成。插板机就位后通过振动锤对准插孔位下沉,排水板从套管内穿过与端头的锚靴相连,套管顶住锚靴将排水板插到设计入土深度,拔起套管后,锚靴连同排水板一起留在土中,然后剪断连续的排水板,即完成一个排水孔插板操作。插板机可分为钢轨式插板机、履带式插板机、压步履式插板机。插板机在世界流行围海造地的今天,越来越能发挥它的优势,软弱地基必须经过处理才能使用,所以插板机在今后的建筑行业中仍占有一席之地。

2.3.6 其他道路交通抢险常规装备

除了道路、桥梁、隧道、机场和港口码头等抢险常规装备以外,还有一些在多种场合都能适用的抢险装备,包括多功能滑移装载机、无人驾驶挖掘机、遥控推土机、无人机、全地形车、排水抢险车、除雪机和应急抢险作业车等。这些装备主要用于特殊的抢险救援任务,是必不可少的常规装备。

滑移装载机亦称为多功能工程车,是一种利用两侧车轮线速度差而实现车辆转向的轮式专用地盘设备。主要用于作业场地狭小、地面起伏不平、作业内容变换频繁的场合,适用于基础设施建设、工业应用、码头装卸以及住宅、谷仓和机场跑道等场地环境复杂的应急救援场合,同时还可作为大型救援机械的辅助设备使用。

无人驾驶挖掘机又称为智能挖掘机,备有无线遥控装置、视频监控装置,设有单独要领操作驾驶室。可坐在遥控操作驾驶室操作,也可用操作台操作,适用于地震、洪涝、泥石流等重大自然灾害的抢险救援,以及高温、冷冻、高海拔、强腐蚀性等危害人体健康的场所作业。

遥控推土机是指一种可以遥控驾驶的特殊的推土机,遥控距离可达1 000 m,遥控响应速度极快且稳定;整机采用电控静压驱动传动系统,自动适应负载变化,在不同工作负载下可提供最佳工作速度;运用智能匹配技术,驾驶综合油耗较同类机型降低10%至15%。其所具有的遥控操作安全、环保、高效的性能特点,能够适应建筑拆除、抢险、防爆、救援以及军工等高危作业。

无人机移动侦察是通过无人驾驶飞行器搭载传感设备,快速获取作业区域地物信息,并进行数据处理、信息提取与分析应用,涉及遥感传感器技术、遥感控制技术、通信技术、差分定位技术等,能及时对灾害发生情况、影响范围及潜在次生灾害的调查提供技术支持,已成为灾情快速侦测与评估的重要手段之一。

全地形车的全称为全地形履带式抢险救援工程车,可在野外进行车辆救援、物资吊装、野外维修等作业,特别适合于山地、雪地、草场、沙漠、河流、河滩、沼泽等各类复杂地形环境下执行抢修和保障任务。车上主要配置了随车吊、发电机组、气动力源、绞盘、伸缩桅杆照明灯等设备。整车采用液压驱动,铰接转向;行走系统采用四轮一带,其中橡胶履带在水中可作为划水装置。

远程控制分离式应急排水抢险车是一套独立的排水抢险系统,由无线遥控进行作业控制。该产品特别适用于城市地下车库排涝,高速公路隧道、涵洞、地铁、厂矿及其他低矮环境排水。液压驱动水泵技术,全部机构均为液压驱动,产品机动灵活,设备操作简便可快速部署就位。垂直供排水抢险车适用于无固定泵站及无电源地区排水,城市道路、公路隧道排水,抽排清理污染水面、消防应急供水防洪抢险,淹没地区排水,江河湖泊、水库、海洋水环境治理,农业抗旱供水、临时调水,作为泵站的补充,应急抽排水等领域,特别适用于城市内涝排水作业。

除雪车主要用于清除道路上的冰雪,通常使用自动倾斜卡车的地盘作为基础,外加装配专门的除雪设备。

应急抢险作业车是一种新型救灾抢险作业装备。抢险设备、工具按照功能不同,分别集中存放在车厢内部货架上,车厢尾部安装液压尾板,便于车内较重设备装卸作业。其内部配备的救援器材主要有:液压破碎镐、渣浆泵、液压圆盘切割锯、手持镐、液压扩张器、液压多功能钳、液压救援顶杆、氧乙炔焊割机、发电机和生命探测仪等。

在北京盛大开幕的中国国际工程机械、建材机械及矿山机械展览与技术交流会(BICES)展上,展示出了各种高效高性能的新技术、新抢险救援设备,如徐工"蜘蛛侠"ET110步履式挖掘机、山河智能的无人航拍飞机、詹阳动力挖掘装载机、詹阳动力全地形人员运输车、JCB3CX挖掘装载机、福威重工滑移装载机等。这些新型的道路交通抢险设备使得抢险救援作业更加快速便捷,为更好地完成救援任务提供了条件。

第3章 道路抢通抢修常规装备

3.1 挖掘机

3.1.1 装备介绍

(一) 用途

挖掘机是进行应急抢险救援任务的主要装备之一,主要用于土石方的挖掘和装载,同时还可进行土地平整、修坡、吊装、破碎、开沟等作业。更换不同的工作装置后,如加长臂、伸缩臂、液压锤、液压剪、液压爪、尖长形挖斗等,挖掘机的作业范围更大。

挖掘机主要完成以下工作:

(1) 挖、装土方和沙、石料;

(2) 构筑道路;

(3) 开挖沟渠、运河和疏浚水道;

(4) 完成应急抢险救援中的有关作业任务;

(5) 在军事工程中用来挖掘各种指挥所和观察所的平底坑、挖掘技术装备掩体和火炮发射阵地、挖掘堑壕及交通壕等。

挖掘机是用铲斗挖掘高于或低于承机面的物料,并装入运输车辆或卸至堆料场的土方机械,其挖掘的物料主要是土壤、煤、泥沙以及经过预松后的土壤和岩石。

(二) 分类

挖掘机的种类较多,可从以下几个方面来分类:

1. 按作用特征分类

按作用特征分为多斗和单斗挖掘机。

2. 按动力装置分类

按动力装置分为电驱动式和内燃机驱动式挖掘机。电驱动式挖掘机是借用外电源或利用机械本身的发电设备供电工作,使挖掘机作业和行驶,大型挖掘机多采用这种动力形式。内燃机驱动式挖掘机是以柴油机或汽油机为动力,目前大都采用柴油机。

3. 按传动装置分类

按传动装置分为机械传动式、全液压传动式和混合传动式挖掘机。机械传动式挖掘机工作装置的动作是通过绞盘、钢绳和滑轮组实现,动力装置通过齿轮和链条工作,并用离合器和制动器控制其运动状态。

全液压传动式挖掘机的工作装置和各种机构的运动均由液压马达和液压缸带动,并通过操纵各种阀来控制其运动状态,由液压泵向液压马达和液压缸提供动力。

混合传动式挖掘机,一部分机构采用机械传动,另一部分机构采用液压传动。

4. 按行走装置分类

按行走装置分为履带式和轮胎式挖掘机。履带式挖掘机越野性能强,稳定性好,作业方便,但行驶速度低,机动性能差,适宜配置在作业量大而集中的地域作业。

轮胎式挖掘机机动行驶速度高,机动性能好,但作业时需要设置支腿支撑,结构复杂,作业费时,适宜配置在作业量较少而分散的地域作业。

5. 按工作装置在水平面可回转范围分类

按工作装置在水平面可回转范围分为全回转式和非全回转式挖掘机。全回转式挖掘机的转盘旋转角度为360°,非全回转式挖掘机的转盘旋转角度一般小于270°。

6. 按挖斗容量分类

按挖斗容量分为小型、中型和大型挖掘机。小型挖掘机的挖斗容量在 0.75 m^3 以下;中型挖掘机的挖斗容量在 $0.75\sim4 \text{ m}^3$ 之间;大型挖掘机的挖斗容量在 4 m^3 以上。

3.1.2 性能参数

目前,配备的挖掘机型号较多,生产厂家也各不相同,常见机型的性能参数见

表 3.1。

表 3.1 挖掘机主要技术参数

项目		单位	型号（小松）			型号（三一）		型号（徐工）	型号（卡特）	型号（神钢）
			PC360-7	PC270-7	PC220-7	SY335C-8	SY230C-8	XE230	CAT320D	SK210LC-8
整机工作质量		kg	33 000	27 750	22 900	32 470	22 900	23 520	20 930	21 200
额定功率		kW	180	134	125	190.5	125	125	103	114
标准斗容		m³	1.6	1.3	1.0	1.5	1.0	1.0	1.0	1.0
发动机排量		L	8.27	5.88	5.883	—	—	6.494	6.37	5.123
发动机额定转速		r/min	1 900	—	2 000	2 000	2 100	2 100	—	2 000
行走速度		km/h	5.5/4.5/3.2	5.5/4.1/3	5.5/4.1/3.0	5.4/3.2	5.5/3.2	5.5/3.5	5.7/3.5	6.0/3.6
铲斗挖掘力		kN	235	206	175	220	159	163	140.1	143
斗杆挖掘力		kN	177	154	132	165	—	—	106.4	102
回转速度		r/min	9.5	10.5	12.4	9.5	11	12.1	11.5	12.5
爬坡能力		°	35	35	35	30	35	35	35	35
接地比压		kPa	67.7	48	50.5	59.9	47.6	—	6	46
尺寸	全长	mm	11 140	9 790	9 885	10 990	9 780	10 160	9 460	9 450
	全宽	mm	3 190	3 190	3 180	3 190	2 980	2 990	2 800	2 990
	全高	mm	3 280	3 210	3 110	3 280	3 160	3 050	3 050	2 980
工作范围	最大挖掘高度	mm	10 210	10 000	10 000	10 135	9 380	9 670	9 840	9 720
	最大挖掘深度	mm	7 380	5 650	6 920	6 835	6 920	6 920	6 710	6 700
	最大挖掘半径	mm	11 100	9 990	10 180	10 875	10 180	10 270	—	9 900

3.2 推土机

3.2.1 装备介绍

(一) 用途

推土机是以履带式或轮胎式拖拉机等为主机,配以悬式铲刀,依靠主机顶推力,对土石方或散状物料进行切削或推运的铲土运输机械。一般适用于 100 m 运距内进行开挖、推运、回填土壤或其他物料作业,还可用于完成牵引、松土、压实、清除树桩等作业。

推土机主要完成以下工作:

(1) 构筑路基、维护和抢修道路;

(2) 清除作业地段内的小树丛、树墩和石块等障碍物;

(3) 清除路障与积雪;

(4) 完成应急抢险救援有关作业任务;

(5) 在军事工程中,构筑技术兵器掩体、工事平底坑和防坦克障碍物,填塞壕沟、弹坑,修筑机场以及对工事进行覆土作业等。

(二) 分类

推土机的种类较多,可从以下几个方面进行分类:

1. 按用途分类

按用途分为普通型和专用型推土机。普通型推土机通用性较好,广泛地应用于各类土石方工程中,是目前使用较多的推土机。

专用型推土机适用于特定工况,具有专一性能,属于此类推土机的有:军用快速推土机、湿地推土机、水陆两用推土机、爆破推土机等。

2. 按发动机功率大小分类

按发动机功率大小分为超轻型、轻型、中型、大型和特大型推土机。超轻型推土机的发动机功率小于 30 kW,生产率低,适用于极小的作业场地。

轻型推土机的发动机功率在 30～75 kW 之间,用于零星土方作业。

中型推土机的发动机功率在 75～225 kW 之间,用于一般土方作业。

大型推土机的发动机功率在 225～745 kW 之间,生产率高,适用于坚硬土质或深度冻土的大型土方工程。

特大型推土机的发动机功率在 745 kW 以上,用于大型露天矿山或大型水电站。

3. 按行走方式分类

按行走方式分为履带式和轮胎式推土机。履带式推土机与地面接触的行走部件为履带,具有附着牵引力大、重心低、接地比压低、爬坡能力强以及能胜任较为险恶的工作环境等优点。但因其重量大、行驶速度慢、机动性差,对路面破坏较为严重,转场过程中需要专用车辆载运。

轮胎式推土机的行驶速度快、运距长(一般为履带式的 2 倍)、作业循环时间短、生产效率一般比履带式要高 1.5～2 倍,而且不损坏路面。但其通过能力差,在松软(散)地段上作业时容易打滑和下陷,作业效率较低。

4. 按传动方式分类

按传动方式分为机械式、液力机械式和全液压式推土机。机械传动式推土机采用机械式传动,具有工作可靠、制造简单、传动效率高、维修方便等优点。但其操作费力,传动装置对负荷的自适应能力差,容易引起柴油机熄火,作业效率较低。目前大中型推土机已很少采用机械式传动。

液力机械传动式推土机采用液力变矩器与动力换挡变速器组合的传动装置,具有自动无级变扭,自动适应外负荷变化的能力。同时柴油机不易熄火,可带载换挡,减少了换挡次数,操作轻便灵活,作业效率较高。其缺点是液力变矩器在工作中容易发热,降低了传动效率,同时传动装置结构复杂,制造精度高,提高了制造成本,也给维修带来了不便和困难。目前大中型推土机用这种传动形式的较为普遍。

全液压传动式推土机由液压马达驱动,驱动力直接传递到行走机构。因取消了主离合器、变速器和后桥等传动部件,所以结构紧凑,大大方便了推土机的总体布置,使整机质量减轻,操纵轻便,并可实现原地转向。但其制造成本较高,耐用度和可靠性较差,维修困难。目前只在中等功率的推土机上采用全液压传动。

5. 按铲刀操纵方式分类

按铲刀操纵方式分为钢索式和液压式推土机。钢索式推土机工作装置的动作是通过绞盘、钢绳和滑轮组实现,并用绞盘的离合器和制动器控制其运动状态。因它的结构复杂、作业效率低、质量差,所以这种操纵方式现已很少见。

液压式推土机的铲刀在液压缸作用下动作,一般有固定、上升、下降和浮动四个位置,能强制入土,铲推较硬的土壤,作业性能优良,平整场地的质量较好。

6. 按铲刀安装形式分类

按铲刀安装形式分为固定式和活动式推土机。推土机铲刀在作业空间中通常有平面角(α)、倾斜角(β)和铲土角(γ)三个基本角度(图3.1)。

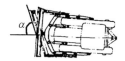  

图 3.1　铲刀角度

α—平面角;β—倾斜角;γ—铲土角

3.2.2　性能参数

目前,配备的履带式推土机型号较多,生产厂家也各不相同,常见机型的性能参数见表3.2。

表 3.2　推土机主要技术参数

项目	单位	型号(山推)			型号(徐工)		型号(移山)
		SD22	SD23	SD32	TY230	TY320	TY230
铲刀尺寸 (宽×高)	mm	3 725× 1 315	3 725× 1 590	4 130× 1 590	3 725× 1 390	4 130× 1 590	3 725× 1 316
铲刀容量	m³	6.4	10	10	—	10.4	7.8
额定功率	kW	162	168	235	169	300	169
额定转速	r/min	1 800	2 000	2 000	2 200	2 000	2 000
排量	L	14.01	—	14.01	14.01	14	14
最大牵引力	kN	—	—	—	221	300	221
最大切土深度	mm	540	560	560	540	—	—
使用质量	kg	23 400	37 200	37 200	24 300	36 700	28 460
履带板中心距	mm	2 250	2 000	2 140	2 000	2 140	2 000
接地比压	MPa	0.077	0.105	0.105	0.076	0.104	0.076

(续表)

项目	单位	型号（山推）			型号（徐工）		型号（移山）
		SD22	SD23	SD32	TY230	TY320	TY230
坡行能力	°	30	30	30	30	30	30
行驶速度	km/h	前进 3.6/6.5/11.2	前进 3.8/6.8/13.8	前进 3.6/6.6/11.5	前进 3.8/6.8/11.3	—	—
		后退 4.3/7.7/13.2	后退 4.9/8.5/14.3	后退 4.4/7.8/13.5	后退 4.9/8.2/13.6	—	—
发动机型号	—	康明斯NT855-C280(S10)	康明斯NTAA855-C360S10	康明斯NTA855-C360S10	康明斯NT855-C280	康明斯NTA855-C360	康明斯NT855-C360

3.3 装载机

3.3.1 装备介绍

（一）用途

装载机是一种在轮胎或履带式基础车上装设一个装载斗的循环式机械，主要用来铲、装、卸、运土与沙石等散状物料，也可对岩石、硬土进行轻度铲掘作业。其具有作业速度快、效率高、操作轻便等优点，是遂行抢险救援任务常用的一种机械装备。

装载机主要完成以下工作：

（1）构筑和维修道路；

（2）除渣，清理和平整场地；

（3）完成应急抢险救援中有关作业任务；

（4）在军事工程中，填塞弹坑、壕沟和工事覆土，铲掘车辆掩体及筑城掩蔽部，牵引火炮及机械车辆等。

（二）分类

通常装载机可按下列几种方法进行分类：

1. 按发动机功率大小分类

按发动机功率大小分为小型、中型、大型和特大型装载机。小型装载机的功率在74 kW以下;中型装载机的功率在74～147 kW之间;大型装载机的功率在147～515 kW之间;特大型装载机的功率在515 kW以上。

2. 按传动形式分类

按传动形式分为机械传动、液力机械传动、液压传动和电力传动式装载机。机械传动式装载机结构简单、制造容易、使用维修较容易,但其传动系冲击振动大,功率利用较差,仅在小型装载机中采用。

液力机械传动式装载机传动系冲击振动小,传动件寿命高,车速随外载自动调节,操作较为方便,大中型装载机采用较多。

液压传动式装载机可无级调速,操作简便;但启动性差,液压元件寿命较短,仅在小型装载机采用。

电力传动式装载机可无级调速,工作可靠,维修简单;但其设备质量大,费用较高,仅在大型装载机上采用。

3. 按行走方式分类

按行走方式分为履带式和轮胎式装载机。履带式装载机具有接地比压小,通过性好,重心低,稳定性好,附着性能好,牵引力大,比切入力大等优点;但行驶速度低,机动灵活性差,制造成本高,行走易损坏路面,转移场地需载运。因此,只适于工程量大、作业点集中、松软泥泞等条件下作业。

轮胎式装载机按机架形式不同又分为铰接式和整体式装载机。铰接式装载机具有转向半径小,纵向稳定性好,作业效率高,应用范围广等优点;但转向和高速行驶时,横向稳定性差。目前,绝大多数装载机采用铰接机架式结构。整体式装载机的转向方式有后轮转向、前轮转向、全轮转向及差速转向(滑移转向)四种。这种装载机转向半径大,机动灵活性差,结构复杂,因而目前仅在小型全液压驱动和挖掘装载机上,以及大型电动装载机上采用。

4. 按装载方式不同分类

按装载方式不同分为前卸式、后卸式、回转式、侧卸式装载机。前卸式装载机在其前端铲装卸载,结构简单,工作可靠、安全,便于操作,适应性强,应用较广。后卸式装载机在其前端装料,后端卸料,机械运料距离短,作业效率高;但安全性差,应用较少。回转式装载机的工作装置安装在可回转90°～360°的转台上。侧卸式装载机在其前端装载,侧面卸料,装载作业时,不需调整机械位置,可直接向停在其侧面的运输车辆上卸料,作业效率高,但卸料时横向稳定性较差。

3.3.2 性能参数

目前,配备的装载机型号较多,生产厂家也各不相同,常见机型的性能参数见表3.3。

表3.3 装载机主要技术参数

项目		单位	型号(徐工)			型号(柳工)		型号(厦工)	
			LW600K	LW500K	LW500FN	CLG862	CLG856	XG-962	XG-951
整机尺寸	铲斗宽度	mm	3 020	—	—	—	—	—	—
	整机高度	mm	3 543	3 465	3 515	3 467	3 467	3 490	3 240
	整机宽度	mm	3 020	3 000	3 016	3 010	2 976	3 128	2 990
	整机长度	mm	8 695	8 185	8 225	8 480	8 060	8 560	7 410
基本性能	额定斗容量	m³	3.5	3.0		3.5	3	3.5	2.2
	额定载质量	kg	6 000	5 000	5 000	6 000	5 000	6 000	5 000
	整机工作质量	kg	20 000	17 200		19 200	16 800	18 500	16 300
	卸载距离	mm	1 268	1 130	1 130	1 200	1 035	1 380	1 300
	最大牵引力	kN	171	165	165	171.3	160	—	—
	最大掘起力	kN	201	170	—	—	158	—	—
工作装置动作时间	动臂提升时间	s	5.7	6	6	6.7	6.5	6.5	7.6
	三项和时间	s	10.9	11	11	12	11.5	10.5	13.6
转向系统	铲斗外侧转弯半径	mm	7 178	6 910	6 910	—	6 805	6 320	6 450

(续表)

项目		单位	型号(徐工)			型号(柳工)		型号(厦工)	
			LW600K	LW500K	LW500FN	CLG862	CLG856	XG-962	XG-951
发动机	型号	—	—	WD10G 220E23	WD10G 220E23	康明斯 6CTAB3-C240	潍柴 WD10G 220E21	—	—
	标定功率	kW	175	162	162	179	162	175	160
	标定转速	r/min	2 200	2 200	—	2 200	2 200		
行驶速度		km/h	—	38	38	36	38	23.5	38

3.4 起重机

3.4.1 装备介绍

起重机包括塔式起重机、龙门吊、汽车吊机以及履带式起重机等多种机型,下面以履带式起重机为例,介绍其功用和构造组成。

履带式起重机是一种自行式起重机,是一种利用履带行走的动臂旋转起重机。履带接地面积大,通过性好,适应性强,可带载行走,适用于建筑工地的吊装作业;可进行挖土、夯土、打桩等多种作业;但因行走速度缓慢,长距离转移工地需要其他车辆搬运。

履带式起重机由行走机构、回转机构、机身及起重臂等部分组成。行走机构为两条链式履带;回转机构为装在底盘上的转盘,使机身可回转360°;起重臂下端铰接于机身上,随机身回转,顶端设有两套滑轮组(起重及变幅滑轮组),钢丝绳通过起重臂顶端滑轮组连接到机身内的卷扬机上,起重臂可分节制作并接长。

履带式起重机操作灵活,使用方便,有较大的起重能力,在平坦坚实的道路上还可负载行走,更换工作装置后可成为挖土机或打桩机,是一种多功能机械。但履带式起重机行走速度慢,对路面破坏性大,在进行长距离转移时,应用平板拖车或铁路平板车运输。

3.4.2 性能参数

目前,交通部队配备的履带式起重机型号较多,生产厂家也各不相同,常见机型的性能参数见表3.4。

表3.4 履带式起重机主要技术参数

项目	单位	型号(徐工)				
		QUY500W	QUY500W	QUY350	QUY35-Ⅰ	QUY75
最大起重量	t	1 250	500	350	35	75
最大起重力矩	t·m	15 510	—	2 370	140	280
整机质量	t	53×2	415	325	45	61
行走速度	km/h	0.8	0.95	1.0	1.3	—
最大单件运输尺寸(长×宽×高)	m	—	11.6×3.4×3.4	10.36×3.4×3.0	7.65×3.5×3.3	12.6×3.32×3
回转速度	r/min	0.9	1.0	1.0	1.5	2.4
最大单件(主机)运输质量	t	59	60	55	30	39

3.5 自卸汽车

3.5.1 装备介绍

(一) 用途

在遂行抢险救援任务时,自卸车是必不可少的一种专用运输车辆,常与挖掘机、装载机等工程机械联合作业,进行土方、砂石、散料的装卸运输工作。由于装载车厢能自动倾翻一定角度卸料,大大节省了卸料时间和劳动力,缩短了运输周期,提高了作业效率,在受损道路抢修(建)活动中发挥着巨大作用。

自卸车主要完成以下工作:

(1) 填筑路基;

(2) 进行土方、砂石、散料的装卸运输;

(3) 完成应急抢险救援中有关作业任务。

(二) 分类

通常自卸车可按下列几种方法进行分类：

1. 按外形分类

按外形分为单桥自卸车、双桥自卸车、平头自卸车、尖头自卸车、前四后八自卸车、双桥半挂自卸车等。

2. 按用途分类

一类属于非公路运输用的重型和超重型自卸汽车。主要承担大型矿山、水利工地等运输任务，通常与挖掘机配套使用。这类汽车也称为矿用自卸汽车。它的长度、宽度、高度等外廓尺寸以及轴荷等不受公路法规的限制，但只能在矿山、工地上使用。

另一类属于公路运输用的轻、中、重型普通自卸汽车。它主要承担砂石、泥土、煤炭等松散货物运输。某些自卸汽车是针对专门用途设计的，故又称专用自卸汽车，如摆臂式自装卸汽车、自装卸垃圾汽车等。

3. 按车厢翻动方向分类

按车厢翻动方向分为前举式和侧翻式自卸车，目前还有双向侧翻自卸车。

4. 按车厢栏板结构分类

按车厢栏板分为栏板一面开启式、栏板三面开启式和簸箕式（无后栏板）自卸汽车。

5. 按举升液压缸与车厢的链接形式分类

按举升液压缸与车厢的链接形式分为直推式倾斜机构和连杆式倾斜机构。

6. 按驱动模式分类

按驱动模式的不同分为 6×4、8×4 及半挂自卸车。

7. 按品牌分类

按品牌分为解放自卸车、东风自卸车、重汽斯太尔自卸车、红岩自卸车、东风自卸车、欧曼自卸车等。

8. 按装载质量分类

普通自卸汽车按装载质量分为轻型自卸汽车（小于 3.5 t）、中型自卸汽车（3.5～8 t）和重型自卸汽车（大于 8 t）。

3.5.2 性能参数

自卸车型号较多,生产厂家也各不相同,常见型号的性能参数见表 3.5。

表 3.5 自卸车性能参数表

项目		单位	型号(北奔) ND325 3B38 型	型号(豪沃) ZZ3257 M4647C1 型	型号(东风) DFL32 41A7 型	型号(红岩) CQ3254 SMG384 型	型号(德龙) SX3255 DN384C 型
驱动方式		—	6×4	6×4	6×4	6×4	6×4
翻转形式		—	后卸	后卸	后卸	后卸	后卸
额定质量		kg	12 700	12 600	11 965	12 700	12 770
总质量		kg	25 000	25 000	24 050	25 000	25 000
整备质量		kg	12 170	12 270	11 955	12 170	12 100
前轮距		mm	1 995	2 022、2 041	2 040	2 006	2 035
后轮距		mm	1 800/1 800	1 830/1 830	1 850/1 850	1 850/1 850	1 850/1 850
轴距		mm	3 800+1 450	4 625+1 350	4 250+1 350	3 825+1 350	3 800+1 350
接近角		°	26	19	30	23	28
离去角		°	30	20	20	22	30
最高行驶速度		km/h	85	—	85	—	—
外形尺寸 (长×宽×高)		mm	8 347×2 500×3 384(整车)	9 700×2 496×3 170(整车)	8 690×2 500×3 450(整车)	8 450×2 500×3 510(整车)	8 525×2 490×3 450(整车)
发动机参数	发动机型号	—	BF6M1013FC	中国重汽WD615.92E	潍柴WP10.290E32	中国重汽WD615.93E	潍柴WP10.290
	最大功率	kW	210	196	215	213	213
	最大马力	马力	290	266	290	290	290
	最大功率转速	r/min	2 300	2 200	2 100	2 200	2 200
	最大扭矩转速	r/min	1 400	1 100~1 600	1 100~1 600	1 600	1 200~1 600
	排量	mL	7 146	9 726	9 839	9 726	9 726

3.6 平地机

3.6.1 装备介绍

(一) 用途

平地机是一种装有以铲土刮刀为主、配有其他多种辅助作业装置,进行土的切削、刮送和整平作业的工程机械。主要用于路基和大面积场地的高精度整平作业,具有效能高、作业精度好等优点。

平地机主要完成以下工作:

(1) 修整路基横断面,旁刮边坡;

(2) 开挖边沟和路槽;

(3) 清除杂草和积雪;

(4) 完成应急抢险救援有关作业任务;

(5) 在军事工程中还可配合推土机构筑急造军路等。

(二) 分类

平地机通常可按下列几种方法进行分类:

1. 按车轮数目分类

按车轮数目,分为四轮平地机和六轮平地机。

2. 按车轮转向情况分类

按车轮的转向情况,分为前轮转向、后轮转向和全轮转向平地机。

3. 按车轮驱动情况分类

按车轮驱动情况,分为后轮驱动和全轮驱动平地机。

平地机按车轮对数的表示方法为:车轮总对数(或轴数)×驱动轮对数(或轴数)×转向轮对数(或轴数)。六轮的有 $3\times2\times1$(前轮转向,中后轮驱动),$3\times3\times1$(前轮转向,全轮驱动),$3\times3\times3$(全轮转向,全轮驱动);四轮的有 $2\times1\times1$(前轮转向,后轮驱动),$2\times2\times2$(全轮转向,全轮驱动)。驱动轮数越多,在工作中所产生的附着牵引力越大,转向轮数越多,机械的转弯半径越小,如图3.2所示。所以上述几种形式中以 $3\times3\times3$ 型性能最好,大中型平地机多采用这种形式;$2\times1\times1$ 型和 $2\times2\times2$ 型均在轻型平地机中采用。目前,前轮装有倾斜机构的平地机获得了广泛应用。装设倾斜机构后,在斜坡上工作时,车轮的倾斜可提高平地机工作的稳定性;在平地机转向时进一步减小转向半径。

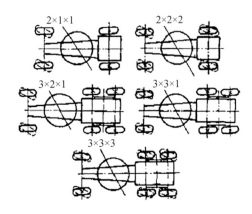

图 3.2　常用平地机按车轮分类示意

(车轮上带"×"符号者为驱动轮)

4. 按机架结构形式分类

按机架结构形式,分为整体机架式和铰接机架式平地机。整体机架式平地机的机架具有较大的整体刚度,但转向半径较大。传统的平地机多采用这种机架结构。

铰接机架式平地机的机架优点是转向半径小,一般比整体式机架的小 40%左右,可以容易地通过狭窄地段,能快速掉头,在转弯多的路面上尤为适宜;可以扩大作业范围,在直角拐弯的角落处,铲刀刮不到的地方极少;在斜坡上作业时,可将前轮置于斜坡上,而后轮和机身可在平坦的地面上进行,提高了机械的稳定性,作业比较安全。因此,采用铰接式机架的平地机越来越多。

5. 按铲刀长度和发动机功率大小分类

按铲刀长度和发动机功率大小,分为轻型、中型和重型平地机(见表 3.6)

表 3.6　平地机轻、中、重型划分标准

类型	铲刀长度(mm)	发动机功率(kW)	质量(t)
轻型	<3 000	44～66	5～9
中型	≥3 000～3 700	≥66～111	≥9～14
重型	≥3 700～4 200	≥111～220	≥14～19

3.6.2 性能参数

目前,配备的平地机型号较多,生产厂家也各不相同,常见机型的性能参数见表3.7。

表3.7 平地机主要技术参数

项目		单位	型号(鼎盛天工)			型号(徐工)	
			PY220M	PY160M	PY120M	GR215C	GR260
外形尺寸(长×宽×高)		mm	9 100×2 600×3 500	8 500×2 600×3 500	7 800×2 400×3 245	8 970×2 625×3 300	10 280×3 100×3 550
整机工作质量		kg	16 500	14 000	10 650	16 500	24 000
最小转弯半径		mm	7 800	7 500	6 700	7 300	8 300
最大牵引力		kN	88.6	73.5	47	90	132
前后桥轴距		mm	—	2 150	—	—	2 580
前后桥轮距		mm	—	1 940	—	—	1 893
推土板	宽×高	mm	2 740×920	2 450×820	2 350×775	—	—
	最大入地深度	mm	205	205	115	—	—
松土器	松土宽度	mm	2 000	2 000	1 750	—	—
	最大入地深度	mm	315	315	275	—	—
	齿数	个	—	3	—	—	—
发动机	额定功率	kW	169/230	125/170	100/136	164	194
	额定转速	r/min	2 200	2 200	2 200	2 200	2 200
	最大扭矩	N·m	—	617	—	—	—
	最大扭矩转速	r/min	—	1 500	—	—	—
铲刀	长×弦高	mm	4 275×650	3 660×650	3 355×570	3 965×610	4 572×787
	最大入地深度	mm	470	500	450	360	500
	最大倾斜角(左/右)	°	90	90	76/117	90	90

3.7 压路机

3.7.1 装备介绍

(一) 用途

压路机是一种利用机械自重、振动的方法,对被压实材料重复加载,排出其内部的空气和水分,使材料颗粒处于较紧的状态,达到一定密实度和平整度的机械装备。它广泛用于公路、铁路路基,机场跑道,堤坝及建筑物基础等的压实作业。

压路机主要完成以下工作:

(1) 用于道路、机场、路堤填方等土石方基础的压实;

(2) 用于沥青混凝土等路面的压实;

(3) 完成应急抢险救援有关作业任务。

(二) 分类

一般地,压实机械可以分为压路机和夯实机械。根据工作质量范围、压实原理和具体结构等的不同,压路机的分类也不同。

1. 按工作质量范围分类

根据工作质量范围的不同,压路机可分为轻型、中型、重型和超重型,见表3.8。

表3.8 按工作质量范围划分

压路机型式	工作质量	应用范围
轻型	≤4.5 t	路基、路面的初步压实
中型	5~8 t	路基和路面的中间压实以及简易路面的最终压实
重型	10~14 t	砾石和碎石路基以及沥青混凝土路面的最终压实
超重型	≥16 t	公路、水坝、机场、大面积基础回填

2. 按驱动轮数分类

根据驱动轮数量的不同,压路机可分为单轮驱动式、双轮驱动式和全轮驱动式。

3. 按压实轮结构与作用形式分类

（1）根据压实轮结构形式，压路机可分为光轮式、羊角碾式和轮胎式等。

（2）根据压实轮组合形式，压路机可分为轮胎—光轮组合式、振动—振荡组合式等。

（3）根据压实轮作用形式，压路机可分为振动式、振荡式和垂直振动式。

4. 按压实原理分类

根据压路机压实原理的不同，可分为静力式、振动式和振荡式压路机。

（1）静力式压路机

静力式压路机是靠碾压轮的自重及荷重所产生的静压力直接作用于铺筑层上，使土壤或材料的固体颗粒相互靠紧，形成具有一定强度和稳定性的整体结构。

根据碾压轮的结构不同，静力式压路机分为静光轮、轮胎式和羊角碾式压路机。

① 静光轮压路机

根据碾压轮及轮轴数目分为二轮二轴式、三轮二轴式和三轮三轴式压路机。

② 轮胎式压路机

由于轮胎式压路机在碾压时轮胎会产生变形，而使铺筑层土壤材料不仅受到垂直静压力的作用，还受到水平作用力的影响，形成所谓"揉压"作用，可以消除"虚"压实现象。同时，由于轮胎的变形，静压力作用在铺筑层上的时间延长，有利于黏性土壤的压实。但是，轮胎容易损坏，压路机使用费用高，碾压轮平均接地压力的调整工作较麻烦。

③ 羊角碾式压路机

羊角碾式压路机按行走方式分为拖式和自行式压路机。自行式一般为可换碾压轮，可与光轮互换。

由于羊角碾的羊角可以直接压入铺筑层的土壤内，而使单位静压力增大，有利于黏性土壤路基的压实。但是羊角碾不能获得平整的压实表面层，而且对沙性土壤压实效果不理想。

（2）振动式压路机

振动式压路机是靠振动机构所产生的高频振动和激振力的共同作用，使铺筑层土壤或材料的固体颗粒产生相对运动，重新排列，并在激振力的作用下相互嵌紧，形成密实稳定的整体结构。振动式压路机结构质量较小，压实厚度大，作业效率高,压实层密实度较均匀。振动式压路机还能实施静力碾压,使其作业范围扩大。但是振动式压路机结构复杂,对使用与维修技术要求较高,振动机构的振动对驾驶员和压路机本身有不良影响,而且振动压实对含水量较大和黏性土壤的压实效果不理想。

(3)振荡式压路机

振荡式压路机是采用土力学土壤交变剪应力的原理,在碾压轮内对称安装并同步旋转的激振偏心块(轴),使碾压滚轮承受交变扭矩,对地面持续作用,形成前后方向的振荡波,使被压实材料产生交变剪应变。在这种水平激振力和滚轮垂直静载荷的共同作用下,实现对被压实材料在水平和垂直两个方向的压实。

振荡式压路机消除了振动式压路机因垂直振动和冲击给驾驶员和机械本身带来的危害,改善了工作条件,降低了能源消耗。而且由于产生的激振力主要是沿行驶方向,因此,特别适宜于建筑群间的压实。

3.7.2 性能参数

目前,配备的压路机多为单钢轮压路机,其型号较多,生产厂家也各不相同,常见机型的性能参数见表3.9。

表3.9 压路机主要技术参数

序号	项目		单位	型号(徐工)			型号(三一)		型号(柳工)
				XS202	XS223	XS302	YZ20C	YZ26C	CLG6124H
1	设备参数	激振力	kN	370/255	374	520/390	395/280	416/275	420/280
		外形尺寸	mm	6 222×2 390×3 077	6 220×2 430×3 200	—	—	—	—
2	基本参数	工作质量	kg	20 000	22 000	30 000	19 800	25 400	23 500
		静线荷载	N/cm	621	516	845	600	772	771
		压实宽度	mm	2 130	2 130	2 130	2 170	2 170	2 100
		摇摆角	°	±10	±11	±10		±15	
3	振动系统	振动频率	Hz	28/33	28/33	27/33	29/35	27/31	32/28
		振幅	mm	1.86/0.93	1.86/0.93	2.0/1.0	1.95/0.95	2.05/1.03	2.0/1.2
4	质量	前轮分配	kg	13 500	11 000	18 000	13 300	17 100	16 200
		后轮分配		6 500	11 000	12 000	6 500	8 300	7 000

(续表)

序号	项目		单位	型号(徐工)			型号(三一)		型号(柳工)
				XS202	XS223	XS302	YZ20C	YZ26C	CLG6124H
5	行走系统	转弯半径	mm	6 500	6 500	7 180	12 000	12 000	—
		转向角度	°	—	±33	±33	±35	±35	—
		爬坡能力	%	50	30	40	48	45	—
		轴距	mm	6 500	3 180	—	3 130	3 240	—
6	发动机	发动机型号	—	上柴	XS223JE	道依茨DEUTZ BF6M 1013 ECP	道依茨DEUTZ BF6M 1013	BF6M 1013C	—
		额定功率	kW	132	136	179	133	161	142
		额定转速	r/min	2 200	1 800		2 300	2 300	
7	速度范围		km/h	0～10	0～10.4	0～10	0～12.5	0～10	0～11

第4章 桥梁抢修抢建常规装备

4.1 重型汽车起重机

4.1.1 装备介绍

(一) 用途

汽车起重机,是装在普通汽车底盘或特制汽车底盘上的一种起重机械,由上车起重机部分和下车运载车两部分组成。汽车起重机由于利用汽车底盘,所以具有汽车的行驶通过性能,机动灵活、行驶速度高、可转移,转移到作业场地后能快速投入工作,特别适用于流动性大、不固定的作业场所,是目前遂行抢险救援任务使用最广泛的起重机类型。

汽车起重机主要完成以下工作:

(1) 用于大型构件与设备的安装;

(2) 用于工程材料的垂直运输与装卸;

(3) 完成应急抢险救援有关作业任务;

(4) 在军事工程中用于吊装战备工事、军用桥梁及大型武器装备等。

(二) 分类

汽车起重机的种类很多,其分类方法也各不相同,主要有:

1. 按起重量大小分类

按起重量大小分为轻型汽车起重机(起重量在5 t以下)、中型汽车起重机(起重量在5~15 t)、重型汽车起重机(起重量在15~50 t)、超重型汽车起重机(起重量在50 t以上)。

2. 按支腿形式分类

按支腿形式分为蛙式支腿、X形支腿、H形支腿。蛙式支腿跨距较小,仅适用于较小吨位的起重机;X形支腿容易产生滑移,也很少采用;H形支腿可实现较大跨距,对整机的稳定有明显的优越性,所以中国目前生产的液压汽车起重机多采用H形支腿。

3. 按传动装置的传动方式分类

按传动装置的传动方式分为机械传动、电传动、液压传动汽车起重机。

4. 按起重装置在水平面可回转范围分类

按起重装置在水平面可回转范围(即转台的回转范围)分为全回转式汽车起重机(转台可任意旋转360°)和非全回转汽车起重机(转台回转角小于270°)。

5. 按吊臂的结构形式分类

按吊臂的结构形式分为折叠式吊臂、伸缩式吊臂和桁架式吊臂汽车起重机。

4.1.2 性能参数

目前,配备的汽车起重机型号较多,生产厂家也各不相同,常见机型的性能参数见表4.1。

表4.1 汽车起重机技术参数

序号	项目		单位	型号(徐工)			型号(中联重科)		型号(三一)	
				QY25K-1	QY40K	QY50B	QY25H	QY50V531	STC500	QY50C
1	尺寸参数	整体全长	mm	12 550	13 050	13 270	12 700	13 300	13 750	13 750
		整机全宽	mm	2 500	2 800	2 750	2 500	2 750	2 750	2 750
		整机全高	mm	3 380	3 430	3 300	3 500	3 650	3 650	3 650
2	质量	行驶状态整机质量	kg	29 400	40 400	39 870	31 000	41 000	42 000	42 000
3	动力参数	发动机额定功率	kW	213	247	247	199	—	245	235
		发动机额定扭矩	N·m	1 160	1 350	1 350	1 100	—	—	1 250
4	行驶参数	最高行驶速度	km/h	75	75	78	78	76	85	78
		最大爬坡能力	%	30	46	≥46	37	40	—	35
		百公里油耗	L	≈37	46	48	45	43	45	45

(续表)

序号	项目		单位	型号(徐工)			型号(中联重科)		型号(三一)	
				QY25K-1	QY40K	QY50B	QY25H	QY50V531	STC500	QY50C
5	主要性能参数	最大额定总起重量	t	25	40	50	25	50	50	55
		最小额定幅度	m	3.0	3.0	3.0	3.0	3.0	3.0	3.0
		基本臂最大起重力矩	kN·m	1 000	1 400	1 509	980	1 764	—	1 756
		基本臂长度	m	10.6	10.7	10.7	11.2	11.6	—	11.5
		最长主臂	m	33	40.1	40.1	39.2	42	42.5	42.5
		支腿纵向距离	m	5.14	5.65	5.45	5.36	5.92	6.0	7.2
		支腿横向距离	m	6.0	6.6	6.6	6.1	6.9	7.2	6.0
6	工作速度参数	起重臂变幅时间	s	75	—	88	40	—	—	80
		起重臂全伸时间	s	75	≤180	180	80	95	100	120
		最大回转速度	r/min	2.5	2.0	2.0	2.2	2.0	2.0	2.4
		主起升机构最大速度(单绳)	m/min	120	—	≥70.8	120	130	130	135
		副起升机构最大速度(单绳)	m/min	120	—	≥70.8	105	130	130	135

4.2 装配式公路钢桥

4.2.1 装备介绍

装配式公路钢桥是由单销连接桁架单元作为桥跨结构主梁的下承式桥梁。其结构简单、适应性强、互换性好、拆装方便、架设速度较快、载重量大；主要用于架设单跨临时性桥梁，保障履带式荷载 500 kN、轮胎式荷载 300 kN（轴压力

130 kN)以下的各种车辆通过江河、断桥、沟谷等障碍,并可用于抢修被破坏的桥梁,还可用于构筑施工塔架、支承架、龙门架等多种装配式钢结构。其最大跨径可达 69 m,车行道宽度 3.7 m;允许通行速度:轮式车辆 30 km/h,履带式车辆 5 km/h;人工架设时,作业人员 30~40 名;器材可用通用型载重汽车载运,每辆车装载最大长度为 4 m 的桥梁器材。

4.2.2 性能参数

桁架单元杆件性能见表 4.2。

表 4.2 桁架单元杆件性能

杆件名	材料	横断面形式	横断面积/cm²	理论容许承载能力/kN
弦杆	16Mn	10	25.48	560
竖杆	16Mn	18	9.52	210
斜杆	16Mn	18	9.52	171

每一桥节配 U 型钢桥板构件数量及诸元如表 4.3 所示。

表 4.3 每一桥节配 U 型钢桥板构件数量及诸元表

名称	数量/件	长度/mm	宽度/mm	厚度/mm	质量/kg	连接件
标准钢桥板	4	2 998	802	105	236	U 型螺栓 2 个
中间钢桥板	1	2 998	482	105	138	U 型螺栓 1 个
路 缘	2	2 998	208	37	26	M18 标准螺栓 12 个

其他性能参数如表 4.4 和表 4.5 所示。

表 4.4 各类桥梁每节重量表(kN)

构造	鼻架			单排单层		双排单层		三排单层		双排双层		三排双层	
	单排单层	双排单层	三排单层	标准型	加强型	标准型	加强型	标准型	加强型	标准型	加强型	标准型	加强型
木质桥板	9.0	15.0	20.7	22.7	26.3	28.7	35.7	34.4	45.0	40.2	47.3	51.7	62.3
钢质桥面				21.7	25.3	27.7	34.7	33.4	44.0	39.2	46.3	50.7	61.3

表 4.5 桁架结构容许内力表

结构形式	标准结构型					加强结构型				
	单排单层	双排单层	三排单层	双排双层	三排双层	单排单层	双排单层	三排单层	双排双层	三排双层
	SS	DS	TS	DD	TD	SSR	DSR	TSR	DDR	TDR
弯矩/(kN·m)	788	1 576	2 246	3 265	4 653	1 687	3 375	4 809	6 750	9 618
剪力/kN	245	490	698	490	698	245	490	698	490	698

4.3　25 m 应急机械化桥

4.3.1　装备介绍

(一) 用途及特点

25 m 机械化桥通常由改装的车辆载运、架设和撤收,并带有固定桥脚的成套制式桥梁器材。主要用于在小河或沟渠上架设低水桥,以保障技术兵器和车辆机动顺利通过;还可架成水面下桥;或与木质低水桥及舟桥器材结合使用,架成混合式桥梁;有的还可同坦克架桥车所架桥梁连接使用。一套机械化桥器材由数辆桥车组成。桥车包括桥梁构件、基础车、专用工具及辅助设备。桥梁构件包括上部结构(即桥节)、桥脚、跳板、系留桩和系材。上部结构通常用薄钢板焊接而成,也有采用铝合金材料制成的。桥面采用整体式或车辙式结构。整体式桥面一般通过展开缘材加宽车行部构成;车辙式桥面的两块车辙板的间距可以调整。桥脚通常为架柱式,高度可调整。有的机械化桥可利用基础车作桥脚,以增大单车架设长度。

机械化桥具有以下特点:

(1) 机动性好:全套器材都安装在性能优良的军用越野汽车上。

(2) 机械化程度高:架设和撤收工作主要是通过桥车完成的,不仅作业人员少而且劳动强度低。

(3) 通过能力强:由于采用整体式桥面,与车辙式桥面相比,提高了桥梁的通过能力,各种型式的载荷(如三轮摩托车、人员等)都能顺利通过。

（4）操作性好：由于采用了液压调整桥脚，使架桥时桥面高度的调整非常方便、快捷，同时还明显提高了器材撤收时的拔桥脚能力，尤其是在河底淤泥较深的情况下，利用液压桥脚中单个桥脚柱发力的原理，采取各个击破的办法，加上手摇式绞盘的配合，无论多么差的河底情况最终均可顺利地拔出整个桥脚。

（5）应用灵活：机械化桥既可以单跨架设，也可以多跨架设，以适应不同河宽的架设要求。在河水流速和河深允许的条件下，用两套器材，在宽度达 100 m 的河流上架设 51 m 应急机械化桥也是可行的。

25 m 桥用于快速架设临时桥梁通道，克服 19 m 以内的小河、沟谷等障碍。桥梁架设长度 25 m，该桥在多次抢险救灾中得到应用。

(二) 构造

25 m 机械化桥由以下几部分构造组成：

1. 桥车底盘

桥车底盘是该桥的运输和承载单元，架桥时提供动力，同时起平衡力矩的作用。

2. 桥跨

桥跨是保障履带式、轮式车辆及其他装备和人员跨越河川障碍的直接承载构件。桥跨由 2 个半桥跨铰接而成。在运输状态时，桥跨呈折叠状。每个半桥跨由主梁、横梁、纵梁、端部、桥面板、加宽板等构件组成。桥跨上还设置有 2 个手摇式绞盘、4 个钢索导向支座。桥跨由高强度合金钢制造而成，价格较低，且便于现场维修。桥面行车道设有防滑条，以保证行车安全。

3. 桥脚

桥脚用于直接支撑桥跨，将桥跨上的载荷传至河底。每一桥跨上都有一副桥脚，运输时收拢在桥跨的内部；架桥时，通过手摇式绞盘滑轮系统、横向油缸和桥脚油缸等部件使桥脚展开成支撑状态，并通过础板支于地上。桥脚每边有 2 个桥脚柱构成人字形支撑，下部由 3 个互相连接的础板拉住。上部由冠材与每边桥脚柱相连，构成桥脚支撑系统。

4. 升降架

升降架是完成桥跨装、卸、展开和折叠动作的重要构件，也是桥车运输状态时桥跨的支撑框架。升降架是由高强度合金钢板焊接而成的空间框架，除承载受力以外，在它的上面还焊接有各种机构，以保障装、卸、展开和折叠作业的顺利完成。它由框架、尾轴、转臂、拉杆、托臂、锁紧机构、滑轮系统等组成。

5. 附属设备

附属设备有测量、通信和架桥专用设备等。

(三) 操作使用方式

机械化桥的操作使用方式为：

1. 架设

将桥车沿倒车线倒至架桥点，放下稳定支腿，顶起升降架，展开桥跨，放桥脚，放桥端，收回升降架，空载桥车撤离等。全部动作通过液压油缸、液压绞盘、手摇式绞盘等机构来完成。每跨桥架设时间为 6~8 min。

2. 撤收

将桥车倒至相应位置，顶起升降架，升降架转臂插入撤收孔，放下稳定支腿，收桥跨端部，收桥脚，折叠桥跨，收回升降架，桥车撤离。全部动作由架设时相同的机构来完成。在河底土壤坚硬的情况下，撤收时间为 6~8 min；在河底淤泥较深的情况下，撤收时间要增加 1.5 倍左右。

4.3.2 性能参数

中国 84A 式重型机械化桥的技术参数如表 4.6 所示。

表 4.6 84A 式重型机械化桥技术参数

车重	21 t
越野载重	7.5 t
载桥时车长	8.96 m
载桥时车宽	3.15 m
载桥时车高	3.465 m
发动机功率	188 kW
桥跨	
折叠时长	5.25 m
展开后长	10.50 m
高	0.7 m

(续表)

桥跨	
加宽部折叠时宽	3.15 m
加宽部展开后宽	3.8 m
升降架	
长	7.18 m
宽	3 m
自重	1.4 t
举重	5.5 t

4.4 51 m应急机械化桥

4.4.1 装备介绍

51 m应急机械化桥是一种用汽车运输,并由架桥车完成架设和撤收作业的大跨度临时桥梁装备,全套器材由1辆架桥车、1辆保障车、6辆运桥车及其携行的1套桥梁器材所组成。其主要作战使命和任务为:用于快速架设长度17～51 m、宽4 m,保障履带式荷载60 t,轮式荷载轴压13 t以下各种车辆通过的临时桥梁。

应急机械化桥具有机动性能好、单桥跨度大、组成单元少、架设速度快、机械化程度高、作业人员少、器材适应岸坡能力强、通载方便等特点,并能通过改变模块单元的数量来改变桥梁跨距,以尽可能短的时间架设符合战术要求的桥梁。

该桥是由汽车运输并由架桥车完成架设和撤收作业的大跨度临时桥梁设备。单跨架设最大长度为51 m,是目前世界上单跨最大的应急机动保障桥。

应急机械化桥主要由桥梁器材、架桥车、运桥车、保障车四大部分组成。

4.4.2 性能参数

51 m应急机械化桥的性能参数如表4.7所示。

表4.7 51 m应急机械化桥技术参数

1. 架桥车整备质量	33 t
2. 运桥车整备质量	21 t
3. 桥段质量	9.3 t
4. 架桥车外形尺寸(长×宽×高)	13 300 mm×3 200 mm×3 550 mm
5. 运桥车外形尺寸(长×宽×高)	13 300 mm×3 380 mm×3 100 mm
6. 桥梁设计通载吨位	履带式荷载60 t 轮式荷载轴压13 t
7. 桥梁限制通载车速	履带式荷载≤15 km/h 轮式荷载≤30 km/h
8. 桥梁设计使用寿命	设计荷载通过10 000次
9. 桥梁架设长度	17 m、25.5 m、34 m、42.5 m、5lm
10. 桥梁架设宽度	4 m
11. 克服障碍最大高度	±3 m
12. 架桥适用最大纵坡	10%
13. 架桥适用最大横坡	5%
14. 架桥适用最大风力等级	6级
15. 整桥架设时间	90 min
16. 整桥撤收时间	150 min
17. 架设作业人员	6人(不包括驾驶员)
18. 使用环境温度	−41~+50 ℃
19. 桥车最高车速	80 km/h
20. 桥车最小转弯直径	24 m
21. 桥车最小离地间隙	300 mm
22. 桥车最大涉水深度	700 mm
23. 桥车接近角	21°
24. 桥车离去角	23°
25. 桥车最大爬坡能	60%
26. 桥车最大续驶里程	650 km

4.5 应急机械模块化桥

4.5.1 装备介绍

应急模块化桥用于保障重型装备、车辆克服深度 5.5 m 以内、流速不大于 2 m/s 的中小河川、干沟和沼泽等障碍,是一种可多跨连续架设的模块机械化桥。

应急机械模块化桥每套器材由五台桥车组成。它的主要特点是:机械化程度高,机动性好,架设速度快;桥面调整方便,通载稳定可靠;作业人员少,劳动强度低;既可单跨架设,又可多跨连架。在配置一些专用装置后,还可与其他舟桥器材进行混合架设。

应急机械模块化桥主要用于保障履带式荷载 60 t、轮式轴压荷载 13 t 以下的各种坦克、火炮、车辆和人员,克服宽 70 m、深 5.5 m 以内的中小河川、干沟和沼泽等障碍,并在需要时与舟桥器材进行混合架设,以克服宽大河流的岸浅滩地段。

一套器材由五辆桥车组成,每辆桥车均可成为独立的架设单元。

应急机械模块化桥主要由桥跨、桥脚、底盘车液压气动系统、电控系统、辅助设备及专用工具组成。

4.5.2 性能参数

HZQL75 应急机械模块化桥是在旧型号重型机械化桥的基础上,做了大量改进之后的新一代桥梁装备。与旧型号重型机械化桥相比,采用了新的架设方式,选用了 8 m×8 m 的越野底盘车作为运输作业车,增加了桥梁长度,提高了桥脚高度,改进了液压操纵系统。其技术参数见表 4.8。

表 4.8 HZQL75 应急机械模块化桥技术参数

项目	单位	技术参数
器材总重(含乘员 3 人)	t	30.6
运输状态外形尺寸(长×宽×高)	mm	10 890×3 150×3 660

(续表)

项目		单位	技术参数
最大通载吨位	履带式荷载	t	60
	轮式轴式荷载	t	13
车行部宽度		m	3.8
架设长度	单跨	m	15
	全套器材		75
克服障碍最大深度		m	5
架设时间	单跨	min	9～11
	全套器材		55～65
桥面调整高度（础板至桥面）		m	3.32～5.5
最大适应流速		m/s	2.0
作业人数（含驾驶员）	单跨	人	7
	全套器材		13

4.6 应急动力舟桥

4.6.1 装备介绍

（一）用途

应急动力舟桥是一种每个浮体单元自带动力、架设快速、机动灵活，集浮桥、渡运于一体的新型舟桥，用于在紧急或非正常状态时，快速架设通道，保障 70 t 级重型装备和车辆迅速克服江河、湖泊等障碍。

舟桥是连接舟或浮体而成的浮桥，主要供军事上克服江河障碍使用。通常由桥脚舟、桥面结构和栈桥等组成。按架设浮桥的器材分为制式舟桥器材和民舟器材。按其载质量分为轻型的（载质量 25 t 以下）、重型的（载质量 40～80 t）和特种的。按桥脚舟的配置形式又分为桥脚舟分置式和桥脚舟带式。按其是否具有水陆自行能力又分为非自行与自行两种。后者是将舟体和桥面结构合为一体，且具有水陆行驶能力的一种专用的两栖车辆，便于迅速连接和拆解浮桥。

（二）构造

其构造组成为：

1. 河中全形舟

河中全形舟是构成舟桥的基本器材,架设到水面上便形成桥面。每个全形舟上均装有锚、锚机、跳板及跳板吊杆各2件,并装有提升器2个和岸边跳板、踏板各4块。各舟体均由高强度合金钢制造,价格较低,且便于现场维修。桥面车行道焊有防滑钢条,以保证行车安全。

2. 岸边舟

岸边舟是把岸边与河中全形舟连接起来的尖舟。岸边舟的端部向岸边倾斜,舟边两侧在与河中全形舟的舟边连接处各设一个液压提升器,操纵提升器可以调整岸边舟与岸边的角度,其范围为 $0°\sim18°$,以便在架桥时适应岸边各种不同的坡度情况。

3. 舟车

舟车是运载河中全形舟和岸边舟的车辆,由越野车改装而成,车上带有平台、吊架、液压系统、绞盘系统及控制系统等。

(三) 注意事项

其操作使用应注意:

卸舟时,全形舟需要进行泛水。先将舟车停放在泛水点,通过绞盘回收钢索的拉力或利用全形舟的重力使全形舟泛水。

装载时,通过舟车装载平台上的液压操纵系统,调整吊架与平台间的夹角,在水上直接折舟、装舟。

对于高度在 2 m 以上的陡岸,需要借助吊车所配备的起吊设备实施泛水、装车,也可用直升机完成泛水及装车作业。

动力舟桥按功能分为岸边舟和河中舟。顾名思义,岸边舟是靠岸的舟体,河中舟是拼接在中间的舟体。舟桥拼接后,必须使操作岸边舟与岸基充分接触,根据岸基高度启动液压系统升高岸边舟,使舟体前部略高于岸基,然后启动马达驱动舟桥抵近岸基 2 m 左右,再将岸边舟放下,使岸边舟充分与岸基接触,最后再放下搭板,开始装载机械装备。

重型挖掘机从陆地上舟装载的过程中,经常出现舟桥后退的情况,很容易造成装备翻车。

装载重型装备时舟桥后退的原因有以下两个方面:

(1) 官兵操作岸边舟仅仅是靠岸而没有充分接触到岸基,或者说接触岸基的面积还没达到要求,机械就直接上搭板了,这种情况装备对舟桥的向前推力很大,因舟体在水中没有支撑,就会导致舟体后退,甚至把搭板压变形。所以,操作好岸边舟是关键,把岸边舟按要求操作好,就不会出现舟体后退的情况。

(2) 大型装备装载时驱动马达操作不当。在装备装载时需要用马达来调整舟体姿态,保证舟桥整体与岸基成垂直状态,并且装载的装备质量越大或水流越急,启动马达次数就越多,控制也相对要复杂。

4.6.2 性能参数

HZFQ70 应急动力舟桥的性能参数见表 4.9。

表 4.9　HZFQ70 应急动力舟桥主要技术参数

最大通行荷载	履带式荷载	60 t
	轮式荷载轴压	13 t
单跨长度		15 m
全套长度		75 m
架设时间		11～55 min
作业人员		7 人

第5章 隧道抢通抢修常规装备

5.1 凿岩机

5.1.1 装备介绍

凿岩机是利用钢钎的冲击和旋转作用在岩石上钻凿孔眼的石料开采机械。在作业中,凿岩机械主要用于坚硬岩石的钻凿炮孔,是石方工程的关键设备。

凿岩机主要完成以下工作:

(1) 用于矿山石料的钻凿开采;

(2) 修筑道路时,完成石方有关作业任务;

(3) 可当作破坏器,用来破碎混凝土之类的坚硬层;

(4) 完成应急抢险救援有关作业任务。

凿岩机主要有气动凿岩机、电动凿岩机、液压凿岩机、内燃凿岩机等几种类型。气动凿岩机以压缩空气作为动力,推动机体内的活塞做往复运动,撞击钎尾做功,经由钎杆将冲击功传到钻头,使岩石破碎;电动凿岩机由电动机通过曲柄连杆机构带动锤头冲击钢钎,凿击岩石;内燃凿岩机利用内燃机原理,通过柴油的燃爆力驱使活塞冲击钢钎,凿击岩石;液压凿岩机依靠液压通过惰性气体和冲击体冲击钢钎,凿击岩石。

以下主要对气动凿岩机、内燃凿岩机、液压凿岩机进行介绍。

气动凿岩机是以压缩空气为动力的气动机具,主要用于在岩石上钻孔作业。在军事工程作业中,它是完成掘进坑道、开采石料、构筑道路等石方工程的一种重要机具。目前国内生产的气动凿岩机种类较多,但其结构及工作情形基本相同,下面以 YT25 型气动凿岩机为例进行介绍(图 5.1)。

图 5.1　YT25 型气动凿岩机

5.1.2　性能参数

YT25 型气动凿岩机性能参数如表 5.1 所示。

表 5.1　YT25 型气动凿岩机性能参数

项　目	性能参数
主机质量	24 kg
长度	628 mm
使用气压	0.5 MPa
耗气量	<3.6 m³/min
气缸直径	76 mm
活塞行程	60 mm
冲击次数	2 100 次/min
使用水压	0.19～0.29 MPa
气管内径	25 mm
水管内径	13 mm
穿孔直径	34～38 mm
最大穿孔深度	5 m
钎杆柄尺寸	六角 22.2 mm×108 mm
气腿质量	16 kg

(续表)

项　目	性能参数
气腿长度	3 032～1 607 mm
气腿推进长度	1 362 mm
气腿最大轴推力	160 N

5.2　空压机

5.2.1　装备介绍

(一) 用途

空压机是空气压缩机的简称,是一种以电动机或内燃机为动力,通过压缩机将自然空气压缩成压缩空气,借以提高气体压力的机械。它将压缩空气供给各类气动机具使用,是一切气动机具的动力源。

空压机主要用于带动气动凿岩机穿孔,气镐、气锹挖掘硬冻土壤,气动装岩机除渣,气动圆锯、链锯进行木材加工和混凝土振动器进行混凝土捣固作业,也可直接利用压缩空气进行混凝土输送、浇筑和喷射、深管井汲水、疏通管道、喷砂除锈和充气等作业。

(二) 分类

空压机的种类较多,通常按以下几种形式分类。

1. 按运动方式分类

按运动方式分为移动式和固定式空压机。移动式包括拖式、车载式和半移动式空压机,具有便于转移场地,机动性好等特点;适用于工程量小的工程作业。固定式空压机固定于基座上,多为大、中型空压机,适用于大规模的国防施工。

2. 按输入动力分类

按输入动力分为内燃机式和电动机式空压机。移动式空压机多以内燃机为动力,固定式空压机多以电动机为动力。

3. 按压缩机的结构形式分类

按压缩机的结构形式分为螺杆式、滑片式和活塞式空压机。

4. 按压缩等级分类

按压缩等级分为一级式、二级式和三级式空压机。螺杆式空压机多采用一级式,滑片式空压机多采用二级式,高压空压机多采用三级式。

5. 按排气压力分类

按排气压力分为低压、中压、高压和超高压空压机。低压空压机的排气压力为 $p \leqslant 0.98$ MPa,中压空压机的排气压力为 0.98 MPa$< p \leqslant 9.8$ MPa,高压空压机的排气压力为 9.8 MPa$< p \leqslant 98$ MPa,超高压空压机的排气压力为 $p > 98$ MPa。

6. 按排气量分类

按排气量分为微型、小型、中型和大型空压机。微型空压机的排气量为 $V \leqslant 1$ m³/min,小型空压机的排气量为 $1 < V \leqslant 10$ m³/min,中型空压机的排气量为 $10 < V \leqslant 100$ m³/min,大型空压机的排气量为 $V > 100$ m³/min。

5.2.2 性能参数

常用螺杆式空压机的主要技术性能参数如表 5.2 所示。

表 5.2 螺杆式空压机主要技术参数

项目		LGYⅡ-10/7	XAS120Dd	XAS120Dd	XAS160Dd
压缩机型号		LGYⅡ-10/7	LGⅡ YF12-7/7-D	LGⅡ YF12-7/10D	LGⅡ YF12-7/7-D
外形尺寸/mm	长	3 900	4 370	4 370	4 370
	宽	1 850	1 650	1 650	1 650
	高	2 000	1 650	1 650	1 650
净重/kg		3 000	1 640	1 760	1 760
最高牵引速度/(km·h^{-1})		35	25	25	25
凸螺杆额定转速/(r·min^{-1})		3 135	4 018	4 018	5 400
螺杆公称直径/mm		200	—	—	—
螺杆长度/mm		200	—	—	—
排气温度/℃		≤120	≤115	≤120	≤120

(续表)

项目		LGYⅡ-10/7	XAS120Dd	XAS120Dd	XAS160Dd
额定排气压力/MPa		0.7	0.7	1.0	0.7
额定排气量/(m³·min⁻¹)		10	7.14	7	9.48
安全阀开启压力/MPa		0.8~0.83	0.8~0.97	0.8~0.97	1.18~1.23
润滑油容量/L		70	38	38	38
润滑油压力/MPa		0.29~0.78	—	—	—
润滑油温度/℃		≤85	—	—	—
柴油机	型号	6135K-1	F4L912	F4L912	F4L912
	额定功率/kW	88.26	—	69	69
	额定转速/(r·min⁻¹)	1 500	2 500~2 600	2 500~2 600	2 500~2 600

5.3 混凝土喷射机

5.3.1 装备介绍

(一) 用途

混凝土喷射机是喷射混凝土作业的主要设备。混凝土喷射机是将水泥、集料、外加剂混合,利用高压气流将混凝土混合物快速喷射至作业面的机械装备。根据作业类型混凝土喷射机分为干喷机和湿喷机,主要用于对隧道洞口仰坡及洞内塌腔岩面进行封闭加固,增强围岩自稳能力。

(二) 分类

混凝土喷射机按照结构形式,可分为四种类型:

1. 罐式混凝土喷射机

罐式混凝土喷射机一般有上、下两个料罐,上罐为储料罐,下罐为工作罐,料罐入口处有钟形阀,用摇杆操纵启闭。优点:工作可靠,能连续喷射和远距离输料,检修方便。缺点:装料点高,上料比较困难,操作较其他喷射机复杂。我国目前生产的属于这种类型的喷射机有 WG-25 型、冶建-65 型、HP-1 型、HP-25 型等。

2. 转子式混凝土喷射机

转子式混凝土喷射机有一个带若干孔眼的给料圆筒即转子,工作时它不断地旋转,圆筒上下各有一块胶板,上方有料斗,混凝土拌和料从料斗进入给料圆筒的孔眼。当孔眼旋转180°时,由于压缩空气的压力,拌和料从孔眼吹进输料管到达喷枪,从而实现喷射目的。优点:体积小,生产能力高,能用于远距离输料。缺点:维修要求严格,胶板磨损快,装料点高。属于这种类型的喷射机有HP-Ⅲ型、HP-30型等。

3. 鼓轮式混凝土喷射机

鼓轮式混凝土喷射机,在圆形鼓轮圆周上均布8个"V"形槽。鼓轮低速回转,料斗中的干拌和料经条筛落入"V"形槽,当充满拌和料的"V"形槽转至下方时,拌和料进入吹送室,由此被压缩空气沿输送管吹送至喷嘴。优点:结构简单,体积小,上料高度低,操作简便,制造容易,维修方便,料流连续,工作平稳。缺点:机身较长,减速箱较大,且筋条、衬板及密封端环易磨损。

4. 螺旋输送式混凝土喷射机

螺旋输送式混凝土喷射机,由螺旋喂料器将料斗卸下的干拌和料均匀地推送至吹送室,罐内装搅拌好的混凝土,然后由螺旋喂料器空心轴和吹送管引入的压缩空气将干拌和料沿输送管吹送至喷嘴。这种喷射机按其输送方式又分为水平螺旋输送和垂直螺旋输送两种。优点:结构简单、体积小、质量轻、装料点低、加工制造工艺简单。缺点:螺旋送料器和锥管容易磨损,输料距离短,效果较差。

5.3.2 性能参数

目前隧道常用混凝土喷射机为中铁岩峰科技有限公司研发的TK系列机型,主要技术性能见表5.3。

表5.3 TK系列混凝土湿喷机的主要技术性能参数

项　目	单位	TK300	TK500	TK600	TK700	TK150
生产率	m³/h	3	5	6	7	8~15
骨料最大粒径	mm	15				
细度模数		≥2.5				
液体速凝剂掺量	%	0~7				
输料胶管内径	mm	51	51	57	57	64

(续表)

项目		单位	TK300	TK500	TK600	TK700	TK150
适宜混凝土坍落度		cm	C15~C20≥10;C25~C30≥15;C30 以上≥18				
系统风压		MPa	≥0.5	≥0.5	≥0.6	≥0.6	≥0.6
工作风压		MPa	0.3~0.5	0.3~0.5	0.4~0.6	0.4~0.6	0.4~0.6
耗风量		m³/min	≥9	≥12	≥12	≥12	≥20
最大输送距离	水平	m	60	40	30	20	20
	垂直	m	20	20	20	15	20
机旁粉尘		mg/m³	<10				
回弹		%	平均≤20				
主电机功率		kW	5.5	7.5	7.5	7.5	22
外形尺寸(轮胎式)(长×宽×高)		mm	2 000×1 010×1 140	2 000×1 010×1 230	2 000×1 010×1 230	2 000×1 010×1 230	2 280×1 428×1 350
整机质量		kg	1 300	1 476	1 475	1 475	2 200
备注			表中外形尺寸为轮胎式设备,外形尺寸根据现场运输方式可选轨行式(轨距为 600 mm、762 mm、900 mm) TK150 湿喷机需要与机械手配套;TK300 主要用于加固工程 生产率的测定在以下条件下完成:1.坍落度在 180~200 mm,和易性优良,黏聚性适宜的混凝土;砂、石集料级配良好,粒形适宜,速凝剂与胶凝材料及减水剂相容性好。2.风压稳定,风量充足,且风路系统没有混杂水分				

5.4 混凝土搅拌机

5.4.1 装备介绍

混凝土搅拌机是把具有一定配合比的砂、石、水泥和水等物料搅拌成均匀的符合质量要求的混凝土的机械。

混凝土搅拌机是制备混凝土的专用机械,其种类很多。按混凝土搅拌机的工作性质分为周期性搅拌机和连续作用搅拌机;按混凝土的搅拌原理分为自落式搅拌机和强制式搅拌机;按搅拌筒形状分为鼓筒式、锥式(含锥形及梨形)和圆周盘式等搅拌机。常用的是周期性搅拌机,其具体分类如图 5.2。

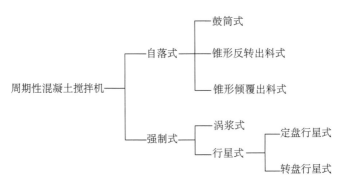

图 5.2 常用的周期性搅拌机分类

混凝土是建筑材料中的一种主要的材料,它是以水泥作为黏结剂把骨料黏在一起的,属于一种非匀质材料,其用途广,用量大。

混凝土搅拌机就是用来大量生产混凝土的机械。混凝土搅拌机有自落式和强制式。混凝土从塑性混凝土发展到干性、硬性混凝土,强制式搅拌机得到了很大发展。强制式混凝土搅拌机不仅能搅拌干硬性混凝土,而且能搅拌轻骨料混凝土,能使混凝土达到强烈的搅拌作用,搅拌非常均匀,生产率高,质量好,成本低。因此,强制式搅拌机得到了很大的发展,但这种搅拌机的功率损耗比较大。

5.4.2 性能参数

混凝土搅拌机型号及性能参数如表 5.4 所示。

表 5.4 混凝土搅拌机型号及性能参数

型号		JDC350	JS500	JS750	JS1 000	JS1500	JS2000
出料容量/L		350	500	750	1 000	1 500	2 000
进料容量/L		560	800	1 200	1 600	2 400	3 200
生产率/$(m^3 \cdot h^{-1})$		≥18	≥25	≥37.5	≥50	≥75	≥100
骨料最大粒径(卵石/碎石 mm)		60/40	80/60	80/60	80/60	80/60	80/60
搅拌叶片	转速/$(r \cdot min^{-1})$	28	35	31	25.5	25.5	23
	数量		2×7	2×7	2×8	2×10	2×9

(续表)

型号		JDC350	JS500	JS750	JS1 000	JS1500	JS2000
搅拌电机	型号	19.55	Y180M-4	Y200L-4	Y225S-4	Y225M-4	Y228S-4
	功率/kW		18.5	30	37	45	75
卷扬电机	型号	19.55	YEZ1325-4-B5	YEZ132M-4-B5	YEZ160S-4	YEZ180L-4	YEJ180L-4
	功率/kW		5.5	7.5	11	18.5	22
水泵电机	型号		50DWB 20-A	65DWB 35-5	KQW 65-1001	KQW 65-1001	CK65/20L
	功率/kW		0.75	1.1	3	3	4
料斗提升速度/(m·min^{-1})			18	18	21.9	23	26.8
外形尺寸（长×宽×高）/mm	运输状态	2 528× 2 340× 2 850	3 050× 2 300× 2 680	3 650× 2 600× 2 890	4 640× 2 250× 2 440	5 058× 2 250× 2 440	5 860× 2 250× 2 735
	工作状态		4 461× 3 050× 2 680	4 951× 3 650× 6 225	8 765× 3 436× 9 540	9 645× 3 436× 9 700	10 720× 3 870× 10 726
整机质量/kg		3 700	4 000	5 500	8 700	11 130	15 000
卸料高度/mm			1 500	1 600	2 700 和 3 800	3 800	3 800

5.5 支撑台车

5.5.1 装备介绍

全断面钢模板衬砌隧道台车（简称台车），是以电动机驱动行走机构带动台车行走，利用液压油缸调整模板到位及收模的隧道混凝土成型机器。它具有成本较低、结构可靠、操作方便、衬砌速度快、隧道成型面好等优点，广泛适用于曲拱断面的电站、铁路及公路隧道。

台车按照单衬砌循环的工作长度一般分为为 6 m、9 m 或 12 m，最长可达到 15 m。按照衬砌部位，可以分为全环衬砌台车和曲拱衬砌台车。无论是哪种台车，目前均需要根据隧道断面尺寸及受力结构，联系台车生产厂家予以定制。

5.5.2 性能参数

台车的主要结构有:门架、门架立柱、行走梁、上横梁、上纵梁、钢拱架、各斜撑、管片支撑架、支撑架与丝杠连接处的连接梁、管片支撑架与门架连接的丝杠、拱架与门架连接的丝杠、爬梯。台车结构示意图如图 5.3 所示,其性能参数如表 5.5 所示。

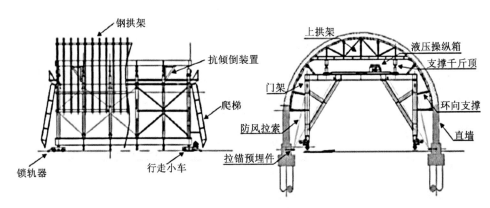

图 5.3　支撑台车结构示意图

表 5.5　支撑台车性能参数

项目		参数
前后顶伸油缸	数量	4
	直径	180 mm
	行程	260 mm
	顶推力	405 kN
平移油缸	数量	2
	直径	100 mm
	顶推力	125 kN
齿轮泵系统压力		16 MPa
移动速度		7.2 m/min
电动机功率		5.5 kW
最大轴线弯度、高度		≤30 mm
台车整体上升高度		200 mm

5.6 通风机

5.6.1 装备介绍

隧道施工用对旋式轴流通风机具有结构紧凑、噪声小、流量大、效率高、运转平稳、维护简便等特点。在隧道掘进施工中，由于其流量大、风压高可以减少通风机的使用数量或增加通风距离，降低能耗、节约能源，主要用于公路、铁路、电力、隧道等工业领域掘进巷道的施工用通风。

通风机工作时，气流由风道进入风机进气箱，经过收敛和预旋后，叶轮对气流做功，后导叶又将气流的螺旋运动转化为轴向运动，并在扩压器内将气体的大部分动能转化成系统所需的静压能，从而完成风机的工作过程。

通风机由集流器、前后机壳、电动机、两级叶轮、后消声器、风筒接头等部分组成。

通风机外壳及结构件均用钢板焊接而成，内筒用多孔板焊接而成，内衬消声材料，电动机依靠法兰止口用螺栓连接在风道内，电动机外壳作为内风道，两级叶轮等速对旋。

通风机的第Ⅰ级和第Ⅱ级两个叶轮，分别由两个容量及型号相同的非隔爆或隔爆型专用电动机驱动，两级叶轮旋转方向互为对旋。空气流入Ⅰ级叶轮，获得能量后，经Ⅱ级叶轮排出。Ⅱ级叶轮兼备普通轴流式通风机中静叶栅的功能，在获得整直圆周方向速度分量的同时，并加给气流能量，从而达到普通轴流通风机所不能达到的高效率、高风压。

5.6.2 性能参数

通风机的主要技术参数见表5.6。

表 5.6 通风机主要技术指标

型号	功率/kW	电动机额定转速/(r·min⁻¹)	风量/(m³·min⁻¹)	全压/Pa	效率/%	电压/V	噪声/dB
NO 3.55	2×2.2	2 840	120~80	600~1 650	≥75	380/660	≤25
NO 4.5	2×4	2 890	180~120	400~2 000	≥75	380/660	≤25
NO 5.0	2×5.5	2 900	220~160	400~2 800	≥75	380/660	≤25
NO 5.0	2×7.5	2 900	250~180	500~3 200	≥75	380/660	≤25
NO 5.6	2×11	2 930	300~230	700~3 500	≥80	380/660	≤25
NO 6.0	2×15	2 930	400~300	800~4 600	≥80	380/660	≤25
NO 6.0	2×22	2 940	500~300	900~5 500	≥80	380/660	≤25
NO 6.3	2×22	2 940	520~350	800~5 800	≥80	380/660	≤25
NO 6.3	2×30	2 950	600~370	800~6 200	≥80	380/660	≤25
NO 6.7	2×37	2 950	630~450	1 800~6 500	≥80	380/660	≤25
NO 7.1	2×37	2 950	730~450	1 200~6 700	≥80	380/660	≤25
NO 7.1	2×45	2 970	800~600	2 000~7 000	≥80	380/660	≤25
NO 8.0	2×55	2 970	1 000~670	1 500~7 800	≥80	380/660	≤25
NO 8.5	2×75	2 970	1 100~800	1 800~8 000	≥80	380/660	≤25
NO 10.0	2×55	1 480	1 300~800	1 000=4 800	≥80	380/660	≤25
NO 11.2	2×75	1 480	1 700~1 200	1 000~5 200	≥80	380/660	≤25
NO 11.2	2×90	1 490	1 900~1 200	1 000~5 800	≥80	380/660	≤25
NO 12.5	2×90	1 490	2 100~1 200	1 200~6 000	≥80	380/660	≤25
NO 12.5	2×110	1 490	2 300~1 200	1 500~6 800	≥80	380/660	≤25

第6章 机场抢修抢建常规装备

6.1 混凝土泵车

6.1.1 装备介绍

(一)装备原理

混凝土泵车是指利用压力将混凝土沿管道连续输送的机械,由泵体和输送管组成。泵体装在汽车底盘上,再装备可伸缩或屈折的布料杆,就组成泵车。混凝土泵车是在载重汽车底盘上进行改造而成的,它是在底盘上安装有运动和动力传动装置、泵送和搅拌装置、布料装置以及其他一些辅助装置;混凝土泵车的动力通过动力分动箱将发动机的动力传送给液压泵组或者后桥,液压泵推动活塞带动混凝土泵工作,然后利用泵车上的布料杆和输送管,将混凝土输送到一定的高度和距离。混凝土泵车适应于城市建设、住宅小区、体育场馆、立交桥、机场、港口等建筑施工时混凝土的输送。

(二)分类

混凝土泵车可以按照臂架长度、泵送方式、分配阀类型和臂架折叠方式进行分类,具体分类情况如下。

1. 按臂架长度分类

短臂架:臂架垂直高度小于30 m;

常规型:臂架垂直高度大于等于30 m小于40 m;

长臂架:臂架垂直高度大于等于40 m小于50 m;

超长臂架:臂架垂直高度大于等于50 m。

其主要规格有:24 m,28 m,32 m,37 m,40 m,42 m,45(44)m,48(47)m,51 m,52 m,56(55)m,60(58)m,62 m,66(65)m。

2. 按泵送方式分类

主要有活塞式、挤压式,另外还有水压隔膜式和气罐式。目前,以液压活塞式为主流,挤压式仍保留一定份额,主要用于灰浆或砂浆的输送,其他形式均已淘汰。

3. 按分配阀类型分类

按照分配阀形式可以分为:S 阀、闸板阀等。目前,使用最为广泛的是 S 阀,其具有简单可靠、密封性好、寿命长等特点;在混凝土料较差的地区,闸板阀也占有一定的比例。

4. 按臂架折叠方式分类

臂架的折叠方式有多种,按照卷折方式分为 R(卷绕式)型、Z(折叠式)型、RZ 综合型,见图 6.1。R 型结构紧凑,Z 型臂架在打开和折叠时动作迅速。

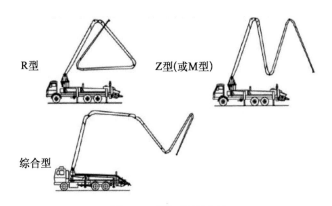

图 6.1　臂架常见形式

6.1.2　性能参数

表 6.1 是 SY525UTHB 37 型泵车技术参数表。

表 6.1　SY525UTHB 37 型泵车技术参数表

型号	SY525UTHB	底盘型号	CondorSTLC
		底盘驱动方式	6×4
自重/kg	24.79×10³	驾驶室无卧铺	

(续表)

	型号	SY525UTHB		底盘型号	CondorSTLC
				底盘驱动方式	6×4
	最大速度/(km·h⁻¹)	≥80	轴距	第一轴距	4 876 mm
外形	全长/mm	11 700		第二轴距	1 422 mm
	总宽/mm	2 495	轮距	前轮	2 320 mm
	总高/mm	3 900		后轮	1 805 mm
	发动机型号	CATC13	臂架	形式	四节卷折全液压
	输出功率/kW	284		最大离地高度	36.6 m
	最大扭矩/(N·m)	1 450		输送管径	DN125
外形	尾气排放标准	2004EPA 排放认证		末端软管长	3 m
	—	—	臂架	第一节臂 长度	8 700 mm
	—	—		转角	92°
驱动方式	驱动方式	液压式		第二节臂 长度	7 860 mm
	油缸内径	φ100		转角	180°
	输送缸内径	φ230		第三节臂 长度	7 980 mm
	阀门形式	S 阀		转角	180°
	混凝土理论排量/(m³·h⁻¹)	121		第四节臂 长度	8 080 mm
		—		转角	245°
	理论输送压力/MPa	6.6		转台旋转角	365°
		—		臂架水平长度	32.62 m
	理论泵送次数/(次·min⁻¹)	24		臂架垂直高度	36.6 m
				液压系统压力	32 MPa
高压泵送	理论水平距离	500 m/125 A 管		润滑方式	液压油自动润滑
	理论垂直高度	120 m/125 A 管		油箱容积	700 L
驱动方式	料斗容积/m³	0.7		控制	手动/遥控
	上料高度/m	1.4		水泵最大水压	8 MPa
	系统油压/MPa	32		水箱容量	600 L
	坍落度/mm	14～23		液压油冷却方式	风冷
	最大骨料尺寸/mm	40		混凝土管清洗方式	水洗

6.2 混凝土切割机

6.2.1 装备介绍

混凝土切割机是对混凝土构件、墙体、路面等进行切割的机器,具有切割能力强、静力无损、效率高、采用水冷却、无施工粉尘等特点。

混凝土切割机由机架、翻转台、横切机构、水平切割车、液压系统和电控系统六个部分组成。

1. 机架

由左右纵梁、横梁、立柱、齿条、尖轨道等组成,主要作用是使水平切割车在轨道上做水平运动及横切机构在其轨道上做垂直升降运动。

2. 横切机构

由横切架、传动及跨越装置、导轮、摆动装置、切割钢丝等组成。传动及跨越装置带动横切架对坯体进行垂直切割,切割钢丝同时做双向摆动。

3. 水平切割车

由车架、刮刀装置、切边装置、传动装置、挂线柱、槽轮组、平轮组等组成。水平切割车两侧分别装有两组槽轮和两组平轮,由传动装置带动水平切割车在尖轨和平轨上来回行走,实现水平切割和"面包头"切割。

4. 翻转台

由翻转架、大车、小车、翻转主油缸及行走油缸等组成,其作用是使水平摆放在翻转台大车上的坯体向前翻转 90°,并移动至切割位置,进行水平、垂直切割和六面切割,完成切割后再向后翻转到起始位置。

5. 液压系统

由油站、电机、油泵、各类阀、管接头等组成,主要作用是使翻转台平稳准确地翻转 90°,大车、小车同步移动到相应的位置。

6. 电控系统

按照要求,实现所有动作的手动和自动控制。

6.2.2 性能参数

YFSJ2000 型水泥混凝土切割机整机主要参数如表 6.2 所示。

表6.2 整机主要技术参数

名称	水泥混凝土切割机	单位
装锯片直径	φ2 000×2	mm
型号	YFSJ2000	—
最大加工深度	360	mm
作业挡作业速度	90	m/h
空载挡作业速度	360	m/h
发动机功率	132	kW
外形尺寸	4 000×2 300×3 150	mm
整机质量	8 000	kg
转场最高速度	360	m/h
作业挡最高速度	60	m/h
整机升降行程	800	mm
整机侧移行程	1 050	mm
刀具升降行程	600	mm
刀具侧移行程	350	mm

YFSJ2000型水泥混凝土切割机采用康明斯6BTA5.9—C180柴油发动机，该发动机的主要技术参数如表6.3所示。

表6.3 康明斯6BTA5.9—C180柴油发动机主要技术参数

项目	技术参数
中冷系数	水空中冷
气缸数	6
缸径/mm	102
冲程/mm	120
排量/L	5.9
额定功率/转速[kW/(r·min^{-1})]	132/2 200
最大扭矩/转速[kW/(r·min^{-1})]	750/1 300
排气方式	直喷式

第7章　港口码头抢修抢建常规装备

7.1 打桩机

7.1.1 装备介绍

（一）用途

打桩机由桩锤和桩架组成，靠桩锤冲击桩头，使预制桩在冲击力的作用下沉入地基的设计位置，以此提高地基承载能力的一种桩工机械。由于桩基础具有承载能力大、沉降量小而均匀、沉降速度缓慢、能承受竖向力、水平力、上拔力、振动力，不用开挖地基和在水下打桩的特点，因而在公路、铁路、建筑工程等地基基础施工中应用较为广泛。

打桩机主要完成以下工作：

（1）用于完成预制桩的打入、沉入、压入、拔出作业，如建筑物下的基桩、公路桥各种水泥桩、钢管桩等。

（2）完成应急抢险救援有关作业任务。

（二）分类

打桩机按桩锤的运动来源可分为落锤打桩机、汽锤打桩机、柴油锤打桩机、液压锤打桩机、振动锤打桩机等。

1. 落锤打桩机

落锤打桩机利用的是桩锤本身的质量来完成自由落体运动，从而完成打桩效果。桩锤是一钢质重块，由卷扬机用吊钩提升，脱钩后沿导向架自由下落而打桩。

2. 汽锤打桩机

汽锤打桩机以蒸汽或压缩空气为动力，有单动汽锤和双动汽锤两种。单动汽锤以柱塞或汽缸作为锤头,蒸汽驱动锤头上升,而后任其沿锤座的导杆下落而打桩。双动汽锤一般是由加重的柱塞作为锤头,以汽缸作为锤座,蒸汽驱动锤头上升,再驱动锤头向下冲击打桩。

3. 柴油锤打桩机

柴油锤打桩机其工作原理比较简单,与单缸二冲程柴油机相似,利用喷入汽缸燃烧室内的雾化柴油受高压高温后燃爆所产生的强大压力驱动锤头工作。

4. 液压锤打桩机

液压锤打桩机以油液压力为动力,可按地层土质不同调整液压,以达到适当的冲击力进行打桩,是一种新型打桩机。

5. 振动锤打桩机

振动锤打桩机利用机械振动法使桩沉入或拔出。

在以上五种类型打桩机中,柴油锤打桩机是目前使用最广泛的一种桩机设备,下面内容将以筒式柴油打桩机为主进行介绍。如图 7.1 所示为筒式柴油打桩机。

图 7.1　筒式柴油打桩机

7.1.2　性能参数

下面以金陵机械厂生产的柴油桩锤为例,对常见桩锤的主要技术参数进行介绍。具体参数见表 7.1 所示。

表 7.1 筒式柴油桩锤主要技术参数

项目		单位	型 号（金陵机械）						
			D8-22	D46	D80-23	D128	D138	D160	D180
上活塞质量		kg	800	4 600	8 000	12 800	13 800	16 000	18 000
每次最大打击能量		Nm	23 940～12 790	145 305～70 850	266 830～171 085	426 500	459 800	533 000	590 000
打击次数		次/min	38～52	37～53	36～45	36～45	36～45	36～45	36～45
作用于桩上的最大爆炸力		kN	505	1 695	2 600	3 600	3 900	4 500	5 000
适宜最大打桩规格		kg	2 500	15 000	30 000	70 000	80 000	120 000	150 000
起落架导向滑轮钢丝绳最大直径		mm	φ20	φ38	φ30	φ32	φ32	φ37	φ37
油耗	柴油	L/h	4	16	55	36.6	40.5	46	54
	润滑油	L/h	1	2	2.9	2.9	2.9	4.5	4.5
柴油箱容积		L	6	89	155	200	200	240	240
润滑油箱容积		L	1	17	32	28.6	28.6	40.3	40.3
质量	柴油锤	kg	1 950	8 800/9 190	16 365/16 805	26 300	27 300	35 000	37 500
	搬运托架/支架	kg	11	315	135	950	950	—	—
外形尺寸	柴油锤高	mm	4 700	5 285	6 454/7 200	7 600	7 600	8 020	8 150
	下活塞外径	mm	350	660	820	960	960	1 070	1 070
	导向板螺钉外侧间距	mm	560	880	1 110	1 260	1 260	—	—
	柴油锤宽	mm	410	785	890	1 040	1 040	1 160	1 160
	连接导向板的宽度	mm	320	640	800	910	910	1 020	1 020
	柴油锤中心到导向板螺钉中心的距离	mm	245	275	720	420	420	465	465

7.2 液压高速夯实机

7.2.1 装备介绍

液压高速夯实机是从液压打桩锤演化而来的另一种产品。它的原理是液压缸将夯锤提升至一定高度后释放,锤高速下落后击打静压在地面上的夯板,并通过夯板夯击地面。其夯实强度显著大于任何一种压实机械,并特别适合于狭窄工地使用,在交通应急抢险中能发挥特殊作用。

液压高速夯实机主要用于桥台背、涵侧、鸡爪沟等公路、铁路路基夯实,沟槽、台阶、斜面夯实,堤坝护坡夯实,油库、机场、港口等大型基础设施地基夯实等。适用于公路、铁路、港口、水利、市政等。

液压高速夯实机按照搭载平台的不同分为轮式夯实机和履带式夯实机。轮式夯实机安装在重型轮式装载机底盘上,用以机场跑道及港口场道的夯实和修复跑道上的弹坑。履带式夯实机一般安装在履带式挖掘机底盘上,用以低层建筑的基础和道路基础的处理。

7.2.2 性能参数

液压高速夯实机性能参数如表7.2所示。

表7.2 液压高速夯实机性能参数

型号	THC36	THC42	THC5000	THC7000	THC9000
锤体质量/kg	3 000	3 500	5 000	7 000	9 000
锤体行程(可调)/mm	0～1 200				
最大击打能量/kJ	36	42	60	84	108
击打频率/Hz	30～80	40～120			
整机质量/kg	6 200	6 700	13 000	15 000	17 000
高/mm	3 650	3 650	7 000	7 600	8 200
长/mm	1 080	1 080	1 560	1 560	1 560
宽/mm	1 520	1 520	1 765	1 765	1 765

(续表)

型号	THC36	THC42	THC5000	THC7000	THC9000
工作压力/bar	160	200	220	250	280
工作流量/(L·min^{-1})	120~280	120~280	140~360	140~400	140~400
锤脚直径/mm	1 000	1 000	1 500	1 500	1 500
配套装载机/t	5	5	7~10	7~10	≥10

第8章　其他道路交通抢险常规装备

8.1 多功能滑移装载机

8.1.1 装备介绍

滑移装载机亦称为多功能工程车,是一种利用两侧车轮线速度差而实现车辆转向的轮式专用地盘设备。其主要用于作业场地狭小、地面起伏不平、作业内容变换频繁的场合,适用于基础设施建设、工业应用、码头装卸以及住宅、谷仓和机场跑道等场地环境复杂的应急救援展开,同时还可以作为大型救援机械的辅助设备使用。

滑移装载机的配套属具有装载斗、货叉、除雪机等多种,能够通过更换属具,完成快速清理灌木丛、除雪、装载作业,适用于灾害中的抢险救援和开辟临时的指挥所场地等需求。

滑移式装载机的主机泵系一台前端式装载机,无一例外地被设计为短轴距、短后悬,动臂支承点在车辆后上方。驾驶室位于两侧动臂间,司机须跨越工作装置才能进入驾驶室内。仪表盘分置于司机左、右侧或布置在前上方。发动机后置,纵向或横向布置。不设前后桥,四个驱动轮各自独立悬挂在传动箱(车架)上。由于轴距短,各轮均为刚性悬挂,车辆高速行驶时,容易发生跳动。

除松土器可固定装设在车辆后部以外,几乎所有的工作装置均挂接在动臂前端。挂接方式一般有两种形式,少数如反铲挖掘装置,直接挂接在动臂前端,而绝大多数的工作装置则是公共快换装置与动臂相接。至于挂接工作装置的快换装置的结构形式,随生产厂家而各异,各有千秋,难分高下。

8.1.2 性能参数

以凯斯滑移装载机 SV300 为例,表 8.1 是其基本的参数表。

表 8.1 滑移装载机的基本参数

项目	参数
额定功率/kW	67.5
操作质量/kg	3 765
额定载荷/kg	1 316
挖掘力/kN	38.2

8.2 无人驾驶挖掘机

8.2.1 装备介绍

无人驾驶挖掘机又称为智能挖掘机,备有无线遥控装置、视频监控转置,设有单独要领操作驾驶室。可坐在遥控操作驾驶室操作,也可用操作台操作,适用于地震、洪涝、泥石流等重大自然灾害的抢险救援,以及高温、冷冻、高海拔、强腐蚀性等危害人体健康的场所作业。如图 8.1 所示为无人驾驶挖掘机的外形图片。

图 8.1 无人驾驶挖掘机

无人驾驶挖掘机由工作装置、车体部分和底盘部分组成。

工作装置:动臂、斗杆、铲斗及相应的油缸和管路。

车体部分:发动机、液压泵、控制阀、回转机构、驾驶室、回转平台、油箱、配重等。

底盘部分:履带架及四轮一带。

液压挖掘机的工作是通过液压系统来完成的。其系统组成有液压泵、液压马达、液压油缸、控制阀和液压管路,采用操纵阀来控制行走、回转和工作装置各机构的运动。

8.2.2 性能参数

如表8.2所示是厦工遥控挖掘机XG822i的常规性能参数表。

表8.2 遥控挖掘机的主要技术参数

项目	参数
发动机型号	4HKI-734251
车(机)架号	XG822i-YF-02K
外形尺寸/mm	9 800
质量/kg	21 500
额定功率/转速/[kW/(r·min^{-1})]	133/2 000
工作电压/V	24
工作温度/℃	90
额定容量/m³ 斗方容积/m³	0.91
额定消耗/(L·h^{-1})	25

8.3 遥控推土机

8.3.1 装备介绍

遥控驾驶推土机是指一种可以遥控驾驶的特殊的推土机,遥控距离可达1 000 m,遥控响应速度极快且稳定;整机采用电控静压驱动传动系统,自动适应负载变化,在不同工作负载下可提供最佳工作速度;运用智能匹配技术,驾驶综合油耗较同类机型降低 10% 至 15%。其具有遥控操作、安全、环保、高效等性能特点,能够适应建筑拆除、抢险、防爆、救援以及军工等高危作业。山推 DE17R 型遥控推土机是典型的常规抢险救援装备。

遥控推土机在静压驱动推土机控制系统的基础上进行全车电控设计,同时增加无线远程遥控系统和无线视频监控系统两部分,两大系统采用 2 套独立的无线传输系统进行信号传输,并采用不同的传输频率,不会产生相互间的干扰。其控制原理如图 8.2 所示。无线数据传输系统与整车控制系统采用总线的通信方式,远程遥控操作系统将控制信号下达到整车控制系统,整车控制系统又将推土机的关键参数及故障系统实时上传给遥控端的人机界面。遥控驾驶端采用推土机仿真驾驶的方式,遥控驾驶人员可以轻松地对推土机进行远程驾驶,通过遥控操作可同样对发动机、行走系统、工作装置及辅助电气系统等进行控制。

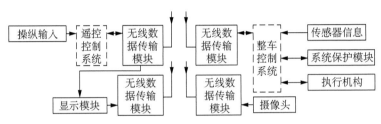

图 8.2 推土机遥控系统功能图

8.3.2 性能参数

以山推 DE17R 型遥控推土机为例,表 8.3 介绍遥控推土机的主要性能参数。

表 8.3 遥控推土机的主要性能参数

项目	性能指标
净功率/额定转速/$[kW/(r \cdot min^{-1})]$	127/2 000
接地长度/mm	2 935
接地比压(不含松土器)/kPa	30.1

8.4 无人机

8.4.1 装备介绍

（一）用途

无人机移动侦察是通过无人驾驶飞行器搭载传感设备,快速获取作业区域地物信息,并进行数据处理、信息提取与分析应用,涉及遥感传感器技术、遥感控制技术、通信技术、差分定位技术等。与传统载人航空遥感平台相比,无人机具有飞行高度低、灵活方便、不受云雾天气影响、获取成本低、操作方便、影像分辨率高等优点,能及时对灾害发生情况、影响范围及潜在次生灾害的调查提供技术支持,已成为灾情快速侦测与评估的重要手段之一。

结合抢险救灾需求,使用无人机进行应急救援可以解决以下三方面的问题：

1. 灾情侦查

当灾害发生时,使用无人机进行灾情侦查,可以完成以下四方面工作：

（1）可以无视地形和环境,做到机动灵活开展侦查,特别是一些急难险重的灾害现场,侦查小组无法开展侦查的情况下,无人机能够迅速展开侦查。

（2）利用无人机进行应急测绘。利用无人机集成航拍测绘模块,将灾害事故现场的情况全部收录并传至现场指挥部,对灾害现场的地形等进行应急测绘,为救援的开展提供有力支撑。

（3）能够有效规避人员伤亡。既能避免人进入泥石流、滑坡、有毒、易燃易爆等危险环境中,又能全面、细致地掌握现场情况。

（4）集成侦检模块进行检测。例如集成可燃气体探测仪和有毒气体探测仪,对易燃易爆、化学事故灾害现场的相关气体浓度进行远程检测,从而得到危险部位的关键信息；又如集成测温、测风速等设备,可对灾害现场环境情况进行细化了解。

2. 监控追踪

无人机的作用不仅仅局限在灾情侦查,在抢险救灾过程中所面对的各类灾害往往瞬息万变,在灾害事故的处置过程中,利用无人机进行实时监控追踪,能够提供精准的灾情变化情况,便于各级指挥部门及时掌握动态灾害情况,从而做出快速、准确的对策,最大限度地减少灾害损失。

3. 辅助救援

利用无人机集成或者灵活携带关键器材装备,能够为多种情况下的救援提供帮助。

(1)集成语音、扩音模块传达指令。利用无人机实现空中呼喊或者转达指令,能够较地面喊话或者指令更有效。

(2)为救援开辟救援途径。例如水上、山区救援中,现有的抛投器使用环境和范围均有很大的局限性,并且精准度差,利用无人机辅助抛绳或是携带关键器材(救援绳等),能够为救援创造新的途径,开辟救生通道,并且准确、高效。

(3)集成通信设备,利用无人机担当通信中继。例如在地震、山区等有通信阻断的环境下,利用无人机集成转信模块,充当临时转信台,从而使得在极端环境下建立无线通信的链路。

(二)构造

无人机系统主要由无人直升机平台、飞控系统、飞控地面站、任务载荷、任务地面站等组成。

1. 操控系统

操控系统包括舵机、主旋翼连接/控制组件、尾桨控制舵机/连接组件、油门舵机及汽化器控制组件、云台控制、传输系统。它们是保证飞机正常受控飞行的基本系统。

2. 动力系统

动力系统包括发动机、变速箱、传动皮带、排气管。

(1)发动机:飞机所有动力的来源,为二冲程汽油发动机。

(2)变速箱:把来自发动机的高转速,降低为适合主桨转速并提高扭矩的传动机构。

(3)传动皮带:利用皮带天然的抗震动特性,把发动机的力矩平稳传递给变速箱,尾桨皮带则是从变速箱传递给尾桨的机构。

(4)排气管:兼顾发动机加速/消音作用。

3. 旋翼系统

旋翼系统由主桨、尾桨、旋翼头、剪形臂、倾斜盘、舵机座等组成,是飞机升力来源和飞机的执行机构。

4. 构架组件

机架组件包括机架、起落架、尾管/尾撑。

(三) 分类

近年来,国内外无人机技术飞速发展,无人机系统种类繁多、用途广泛,致使在尺寸、质量、航程、航时、飞行高度、飞行速度、性能以及任务等多方面都有较大差异。由于无人机的多样性,出于不同的考量会有不同的分类方法,其可按飞行平台构型、用途、尺度、活动半径、任务高度等方法进行分类。

1. 按飞行平台构型分类

按飞行平台构型分类,无人机可分为固定翼无人机、旋翼无人机、无人飞艇、伞翼无人机、扑翼无人机等。

2. 按用途分类

按用途分类,无人机可分为军用无人机和民用无人机。军用无人机可分为侦察无人机、诱饵无人机、电子对抗无人机、通信中继无人机、无人战斗机以及靶机等;民用无人机可分为巡查/监视无人机、农用无人机、气象无人机、勘探无人机以及测绘无人机等。

3. 按尺度分类

按尺度分类,无人机可分为微型无人机、轻型无人机、小型无人机以及大型无人机。微型无人机是指空机质量小于等于 7 kg 的无人机;轻型无人机是指空机质量大于 7 kg,小于等于 116 kg 的无人机,且全马力平飞中,校正空速小于 100 km/h,升限小于 300 m;小型无人机是指空机质量小于等于 5 700 kg 的无人机,微型和轻型无人机除外;大型无人机是指空机质量大于 5 700 kg 的无人机。

4. 按活动半径分类

按活动半径分类,无人机可分为超近程无人机、近程无人机、短程无人机、中程无人机和远程无人机。超近程无人机活动半径为 5~15 km,近程无人机活动半径为 15~50 km,近程无人机活动半径为 50~200 km,中程无人机活动半径为 200~800 km,远程无人机活动半径大于 800 km。

5. 按任务高度分类

按任务高度分类,无人机可分为超低空无人机、低空无人机、中空无人机、高空无人机、超高空无人机。超低空无人机飞行高度小于 10 m;低空无人机飞行高度一般在 10~100 m 之间;中空无人机飞行高度一般在 100~7 000 m 之间;高空无人机飞行高度一般在 7 000~18 000 m 之间;飞行高度在 18 000 m 之上为超高空无人机。

8.4.2 性能参数

AF25B 无人直升机主要参数如表 8.4 所示。

表 8.4 AF25B 无人直升机主要参数

项目	参数
控制半径/km	25
控制精度/m	2~3
图传半径/km	25
图像质量	标清
续航时间/h	2
最大速度/(km·h^{-1})	80
升限/m	2400
飞机质量/kg	26
起飞质量/kg	32
几何尺寸/mm×mm×mm	1 778×508×711
主桨直径/mm	2 146
工作温度/℃	−15~+50
抗风能力	起降≤4 级,空中≤5 级
使用燃料	93♯或 97♯汽油+机油
起飞准备	5~10 min
操作人员	2~3 人

8.5 全地形车

8.5.1 装备介绍

全地形车的全程为全地形履带式抢险救援工程车,可在野外进行车辆救援、物资吊装、野外维修等作业。特别适合于山地、雪地、草场、沙漠、河流、河滩、沼泽等各类复杂地形环境下执行抢修和保障任务。车上主要配置了随车吊、发电机组、气动力源、绞盘、伸缩桅杆照明灯等设备。整车采用液压驱动,铰接转向;行走系统采用四轮一带,其中橡胶履带在水中可作为划水装置。

8.5.2 性能参数

表8.5 全地形车的主要性能指标

项目	性能指标
满载质量/kg	13 800
适用水域	流速<1 m/s,浪高<0.5 m
整车尺寸(长×宽×高)/mm×mm×mm	8 600×2 300×28 00
转弯半径/m	8
续航能力/km	500
接地比压/kPa	21
离地间隙/m	0.35
作业季节	全天候
工作温度/℃	−41~46
贮存极限温度/℃	−55~70
相对湿度/%	≤95(常温)

8.6 远程控制子母式排水抢险车

8.6.1 装备介绍

远程控制分离式应急排水抢险车是一套独立的排水抢险系统,由无线遥控进行作业控制。该产品特别适用于城市地下车库排涝,高速公路隧道、涵洞、地铁、厂矿及其他低矮环境排水。液压驱动水泵技术,全部机构均为液压驱动,产品机动灵活,设备操作简便,可快速部署就位。

远程控制履带式移动泵站是大流量排水抢险车的配套装备,它利用大流量排水抢险车的动力,通过外接油管接口与母车相连组成一个排水车系统,对小型履带式移动泵站进行远程控制,使小型履带式移动泵站进入地下车库地、地铁等低矮环境或农田等泥泞环境中。远程控制履带式移动泵站可在左右履带长时间浸泡于水中的状态下正常工作。

远程控制子母式大流量排水抢险车采用全液压驱动(无用电安全隐患),系统由母车与子车构成。母车集成了液压系统、油管绞盘、电动绞盘、电控单元等,母车既为子车承载车辆,又为其提供动力。子车负责前往现场排水作业,是一台完整的橡胶履带式排水泵站,主要由橡胶履带底盘、液压驱动水泵、泵站液压系统及液压管路、控制系统等组成。通过外接油管接口与动力集装箱对接组成一个移动泵站系统。

子车通过电缆(DC24 V,用于给控制系统供电,电流小于10 A)与动力集装箱连接,然后用无线遥控器操作将子车开至排水点,连接排水软管,进行排水,除接线,接水管等过程均由机械装置完成,无需其他人工操作。子车安装P66防护等级设计,可保证使用的安全性,是一款可远距离遥控操作,适用于地下车库、地铁站、狭小道路、涵隧道、水库排险等低矮环境的应急排水装备。

根据配备的吸水泵不同,其流量可分为1 000 m^3/h、150 m^3/h、300 m^3/h(分别配龙吸水1 000、龙吸水1 500、龙吸水3 000水泵),相对应的扬程分别为22 m、17 m、15 m。

8.6.2 性能参数

远程控制子母式排水抢险车的整车主要参数和主要性能指标如表8.6和表8.7所示。

表8.6 远程控制子母式排水抢险车整车主要参数表

项目	指标
车型	FLG5140TPS24E
外形尺寸:长×宽×高/mm×mm×mm	8 560×2 500×3 450
轴距/mm	4 700
整车整备质量/kg	13 805
最大总质量/kg	14 000

表 8.7 远程控制子母式排水抢险车主要性能指标

项目	性能指标
输水管径/mm	300/300×2
流量/(m³·h⁻¹)	1 000/1 500/3 000
扬程/m	22/17/15
排水所需最低水深/m	0.1
翻转举升角度/(°)	0~90
滑轨行程/mm	600
最大吸水深度/mm	800
整车防护性能	IP66
水泵转速/(r·min⁻¹)	1 500
水泵功率/kW	110/180
水泵最高压力/(N)	3 000

8.7 垂直供排水抢险车

8.7.1 装备介绍

垂直供排水抢险车适用于无固定泵站及无电源地区排水；城市道路、公路隧道排水；抽排清理污染水面、消防应急供水防洪抢险；淹没地区排水；江河湖泊、水库、海洋水环境治理；农业抗旱供水、临时调水；作为泵站的补充,应急抽排水等领域。特别适用于城市内涝排水作业。

垂直供排水抢险车采用全液压驱动,流量较大,可垂直作业,其专用装置主要有液压水泵、作业平台、控制系统。侧、后防护装置均采用整体连接的裙边结构,侧防护装置下边缘离地高度为 430 mm,后防护装置下边缘离地高度为 500 mm。适合于河道治理、立交桥、隧道、水坝、城市倒灌排水。其流量为 3 000 m³/h,扬程为 15 m。

垂直供排水抢险车主要构成为：二类底盘(6×4),高压油泵,轴流泵,平移、旋转、举升、滑动作业装置,伸缩管,支撑架,液压支腿,口径为 300 mm 的聚氨酯水带 120 m 及相应快速接头,液压绞盘收放系统,全液压控制系统。

垂直供排水抢险车将液压系统、控制系统、排水系统、冷却系统、润滑系统、照明系统等优化于二类底盘上,实现高效排水。可垂直伸入标准市政700型窨井中作业,立交桥和下穿桥面辅路上作业,也可直接停放于积水路面上作业。该液压驱动水泵装置无需外接电源及电力设施,靠底盘自身的柴油发动机驱动水泵工作。

8.7.2 性能参数

垂直供排水抢险车的整车主要参数和主要性能指标如表8.8和表8.9所示。

表8.8 垂直供排水抢险车整车主要参数

项目	指标
车型	FLG5230TGP14E
外形尺寸(长×宽×高)/mm×mm×mm	9 900×2 500×3 800
轴距/mm	4 000+1 350
整车整备质量/kg	22 805
最大总质量/kg	22 935

表8.9 垂直供排水抢险车主要性能指标

项目	性能指标
输水管径/mm	300×2 根
流量/($m^3 \cdot h^{-1}$)	3 000
平移距离/mm	1 200
旋转角度/°	−90～+90
轨道最大滑动距离/mm	4 500
取水管与地面最大夹角/°	90
最大抽水深度离地面距离/m	8

8.8 除雪机

8.8.1 装备介绍

（一）用途

除雪机又名扬雪机、抛雪机,其动力强劲、扬雪吸力大,抛雪扬程达 10～15 m;可自动行走、倒退,操作人员只需掌握方向即可。这种清雪、扫雪先进机械,特别适合于我国北方地区,是机关、单位、学校、停车场、广场、物业小区、花园、非机动车道等广泛选用的冬季清雪的必备机械。

（二）分类

除雪机械安装在除雪车的前部,主要有三种类型:

1. 犁式除雪机械

犁式除雪机械的工作装置一般安装在主机的前端,是所有除雪机械中应用最为广泛、起源最早的除雪设备。主要使用于未被压实的新降集雪,其厚度为 300 mm 以下。犁板有整体式和分段式,有 V 形犁和 U 形犁之分。其特点是:多数采用了双摇杆机构,避让效果明显,越障高度较大,环境适应性强,可以在硬质雪区工作。有的还增加了滑靴和滚轮等装置,用来减少或消除铲刃对地面的作用力,保护了地面,减少了刀刃的磨损。

2. 旋切式除雪机械

旋切式除雪机械工作方式为自行式和悬挂式两种,主要由离心式物料风机、风道、抛雪筒、护板和螺旋形集雪器等部分组成,结构相对比较复杂。工作时借助主机或者专用底盘的动力,驱动风机做高速旋转运动,将集雪器聚拢的雪由风道、抛雪筒抛出去。抛出距离和角度可以根据需要自己调整。在清除雪障时旋切式除雪机械有明显的优势,但是无法清除压实的积雪。

3. 扫滚式除雪机械

扫滚式除雪机械工作方式分为自行式和悬挂式两种。在主机或者专用底盘的动力作用下,驱动扫雪滚和扫雪盘做高速旋转运动,扫雪滚和扫雪盘上的柔性强力扫雪刷,将路面积雪卷起使之脱离地面,在高压空气的作用下吹向路边。该式除雪机械主要适合于较薄的或者是犁式除雪机械工作后的残留积雪,即使路面凸凹不平也可以获得无残雪的除雪效果。

8.8.2 性能参数

单向除雪犁的主要性能参数如表 8.10 所示。

表 8.10 单向除雪犁主要性能参数表

推雪宽度/mm	3 800
推雪板高度/mm	1 005
水平回转角度/°	±35
摆动角度/°	±6
跨越障碍物高度/mm	0～150

8.9 应急抢险救援车

8.9.1 装备介绍

WQJ2012-1 应急抢险救援车是一种新型的救灾抢险作业装备,该装备采用了军用汽车型谱中的 EQ2102N 型越野二类底盘,加装铝合金密封厢体;厢体左右各设三扇侧掀门,厢体后墙设有对开门;内部装有抢险设备,工具按照功能不同,分别集中存放在货架上;车厢尾部安装液压尾板,便于车内较重设备装卸作业。整车严格按照国家通用厢式车规范要求进行设计,如图 8.3 所示。

图 8.3 应急抢险救援车

应急抢险救援车在抢险救援时能够完成钢结构切割、焊接作业；混凝土设施的切割、破碎、钻孔作业；破拆、剪切其他坚硬设施的作业；排出污水作业；小范围灭火作业；救援生命探测作业等。该车还具备自发电及夜间施工照明功能以及越野功能等。

8.9.2 性能参数

应急抢险救援车性能参数如表 8.11 所示。

表 8.11 应急抢险救援车性能参数

项目	性能指标
底盘车型号	EQ2102N
允许前轴最大轴载质量/kg	3 760
允许中后轴最大轴载质量/kg	7 290
满载允许总质量/kg	11 050
改装后轴荷质量/kg	前轴 3 270,中后轴 6 845
最高车速/(km·h^{-1})	90
最大爬坡度/%	<60%
最小转弯直径/m	>18.8
百公里油耗/L	22(限定条件,不含空调)
制动距离/m	>8(初速 30 km/h 时)
轴距(前桥中心至后平衡悬挂中心距离)/mm	4 100
中、后桥之间中心距离/mm	1 250
最小离地间隙/mm	305
改装后外形尺寸(长×宽×高)/mm×mm×mm	7 960×2 460×3 150
燃油箱容积/L	145
驾驶室乘员	平头四门双排座可乘坐 5 人
驱动形式	6×6

应急抢险救援车加载的主要抢险设备及技术参数如表 8.12 所示。

表8.12 应急抢险救援车加载的主要抢险设备及技术参数

抢险设备名称	型号	主要技术参数
液压动力站	GT18BO2	发动机功率及型式:18马力 VanguardV形双缸 输出:140 bar 液压油格容量:11 L
液压破碎镐	BR45	压力范围:1 500～200 psi(104～14 bar) 冲击频率:1 300～1 800次/min 最大压力:250 psi(17 bar)
渣浆泵	TPO3	泵送输出量:688 L/min
液压圆盘切割锯	CO25	14 in(356 mm)直径的砂轮锯片或金刚石锯片
金刚石链锯	DS113000	链板尺寸:33 cm
手持镐	CH15	镐钎尺寸:580 六方椭圆令钢镐钎
液压机动泵	JBQ—C	额定工作压力:2～63 MPa 额定输出流量(高压流量):≥2～0.6 L/min 额定输出流量(低压流量):≥2～2.0 L/min
液压机动泵	JBO—F	额定输出压力(高压压力):63 MPa 额定输出流量(高压流量):2～0.55 L/min 额定输出流量(低压流量):2～2.3 L/min
液压手动泵	SB63/1.5-A5	额定工作压力(高压压力):63 MPa 额定输出流量:≥1.5 ml/次 最大手柄力:≤350 N
液压扩张器	KZQ120/42-A	最大扩张距离:≥600 mm 额定扩张力:42 kN
液压多功能钳	DGQ15/32-D4	剪刀端部开口距离:≥360 mm 最大剪断能力:(Q235材料)15 mm(钢板),ϕ28 mm(圆钢) 额定扩张力:≥35 kN
液压开缝器	KFQ210/50-A	最小楔入缝隙:≤6 mm 最大开启距离:≥50 mm 最大开启力:≥210 kN
便携式液压多功能钳	SDQ10/24-A3	最大开口距离:≥160 mm 最大剪断能力:(Q235材料)10 mm(钢板),ϕ20 mm(圆钢) 额定扩张力:≥24 kN
液压剪断器	JDQ28/150-D4	剪刀端部开口距离:≥150 mm 最大剪断能力:(Q235材料)ϕ28 mm(圆钢)
液压救援顶杆	JDG110/475-B	最大撑顶力:≥120 kN 作业覆盖范围:475～745 mm

(续表)

抢险设备名称	型号	主要技术参数
救援三脚架	JS1.6/2.2-A	额定载荷:≤1.6 kN 钢索长度:≥32 m 手动绞盘手柄力:≤0.2 kN 工作状态最大高度:3.2 m
内燃式切割锯	K960	最大切割深度:125 mm
氧乙炔焊割机 (车架式焊具)	10 L	钢板焊接厚度:0.2～1.2 mm 钢板切割厚度:≤2 mm
电动绞盘	M15 000	最大牵引力:68 kN 钢索长度:27 m 牵引速度:1.3 m/min
发动机焊机	HW220	额定功率:5.6 kW 额定电流:200 A 额定电压:28 V 电流调节范围:50～230 A 适用焊条:2.0～5.0 mm
全自动泛光工作灯	QF280	交流额定输出电压:220 V 交流额定输出功率:900 VA 直流输出:12 V～8.3 A 光源功率:250×2 W 连续工作时间:5 h 灯具升降范围:1 450～2 800 mm 照距:90 m
发电机	EG6500CXS (交流输出)	额定电压:230 V 额定频率:50 Hz 额定电流:21.7 A 额定输出功率:5.0 kVA 最大输出功率:5.4 kVA
生命探测仪		质量:10.31 lb(4.7 kg)(不包括 EXPLORER 显示器) 尺寸:($L \times W \times H$)33.7 cm×16.8 cm×44.5 cm
液压起重尾板		最大举升质量:1 000 kg 最大举升高度:1.21 m 平均举升速度(空载):80 mm/s

第 9 章　常用应急抢险装备的合理选择和配备

很多抢险救援工作量大、时间紧、任务重,而工程机械设备由于其作业效率高,能大幅减轻抢险人员的劳动强度,提高抢险人员安全性等特点,在各种应急抢险任务中发挥着越来越重要的作用。在 2008 年汶川地震的抢险过程中,工程机械成为打通抢救"生命线"的主力军。工程机械的种类、型号、规格繁多,各自又有独特的技术性能和作业范围,根据灾害发生现场的具体条件和抢险要求,合理地选择与配套工程机械投入抢险,充分发挥其最大效能,对减少现场设备拥堵以及不必要的人力、物力投入,保证抢险任务的顺利完成具有十分重要的意义。

9.1 应急抢险中工程机械运用特点

应急抢险中会用到多种工程机械设备来完成挖、装、运、推、碾、吊、钻等工作,常用到的工程机械有挖掘机、轮式装载机、挖掘装载机、推土机、平地机、压路机、叉车、运输车、轮式工程起重机、内燃凿岩机、液压破碎锤、钻机等。由于灾害发生的突然性和应急抢险任务的紧迫性,应急抢险中工程机械的运用与工程施工生产有所不同,主要体现在以下几个方面。

(一) 环境恶劣

很多灾害发生现场交通不畅,有的甚至没有道路通往,导致工程机械较难迅速运输至事故现场。汶川地震唐家山堰塞湖抢险工程机械通过直升机运达,云南鲁甸地震红石岩堰塞湖抢险工程机械通过浮桥水运至堰塞体上。地震、滑坡、泥石流等自然灾害发生后,抢险救援过程中往往还会面临着各种次生灾害威胁。应急抢险还往往在电力、供水、通信中断的情况下进行,后勤保障受限较大,而如果在雨雪天进行抢险,抢险施工的难度将进一步增大。

(二) 施工强度高

灾害的发生,其成灾强度随时间的延长而增大,除险速度越快,减灾效果越明显,因此,必须在尽量短的时间内完成抢险任务。抢险中一般采取"人歇机不停"的模式持续高强度施工。唐家山堰塞湖除险,在设备功率小、油料物资保障困难等条件下,6天内挖运土石约14万 m^3;西藏易贡山体特大滑坡抢险,在现场条件极其复杂的情况下,33天内挖运土石约135万 m^3;江西唱凯堤决口封堵,仅水电部队就投入了500余台套设备,经过3天的高强度抢险作业完成了封堵。

(三) 机械设备维修困难

应急抢险现场往往地处偏僻,交通不畅,电力、通信、供水中断,给后勤保障及车辆维修带来很大困难。如果设备的某些零部件损坏,往往难以购进新配件进行更换。有的抢险现场由于场地等条件所限,挪动抢险现场的故障设备会变得更为困难。一些关键性的机械设备,停工维修会大大影响抢险进度,这些都对设备维修提出了很大的挑战。

9.2 合理选配应急抢险工程机械的一般原则

工程机械的投入改变了过去手工操作和人海战术的局面,大大提高了抢险效率。抢险中机械设备科学合理的选配,做到高效低耗地运行,提高作业安全性,是应急抢险任务顺利完成的重要条件。经过多年施工生产和抢险实战经验的积累,形成了抢险机械设备选配的一些基本原则。

(一) 适应性

适应性原则是选用抢险设备的主要依据。选用的机械设备要能满足抢险进度、抢险技术标准等要求,还要能与抢险现场路况、运输条件、灾害现场气候、海拔、地形、土质等相适应,充分发挥设备的效能,在保证抢险任务能按时完成的情况下,减少不必要、不适合的设备投入。

(二) 安全性

应急抢险经常会处于地势偏僻陡峭、地形复杂的环境中,同时往往还会面临着各种次生灾害的威胁。因此,在选配工程机械时,应充分考虑抢险机械设备的安全可靠性,在某些特别危险的场合,有条件的话可以采用可遥控操作设备。

(三) 先进性

新型的工程施工机械具有高效低耗、性能优越稳定、工作安全可靠、故障率低等优点,能更为有效地保证抢险任务的顺利完成。因此,在有条件的情况下,抢险中应优先选用技术先进的机械设备。

(四) 单一性

在满足抢险任务的前提下,同一类型的施工机械,其型号、生产厂家或生产国别应尽可能单一。同一类型的施工机械,型号、生产厂家不同,结构特点往往也不同,型号越多,对维修人员的水平要求也越高。型号或生产厂家不同的机械、零部件通常不能互换,从而增加了零部件备件种类和数量。此外,不同型号的机械,其使用和操作性能往往存在一定差异,对操作人员的技术要求也高。因此,在同样能满足工程施工要求的前提下,机械型号和来源应尽量减少。

(五) 通用性和专用性

根据抢险任务的具体情况,应充分考虑抢险施工机械的通用性和专用性。通用施工机械可以一机多用,简化工序,减少作业场地,能独立完成多种作业,扩大机械使用范围,提高机械利用率,但缺点是效率较低。专用施工机械生产效率高,但往往还需要其他机种的配合来完成抢险施工。一般情况下,当抢险工程量大而集中,作业场地宽敞时,宜选用大型专用设备,充分发挥设备的工作效率;反之,工程量小,抢险场地有限或者作业面分散时,可以采用中小型多用途机械设备,如挖土机既可用于挖土,又能用于装卸、起重和打桩。

9.3 应急抢险中工程机械的配套组合

抢险中往往需要不同机械协同配合,如泄洪槽开挖中挖掘机、推土机(可能还会有自卸车、钻机等)的配合,道路抢通、堤坝决口封堵中装载机、推土机、挖掘机和自卸车(可能还会有振动碾)的配合,开挖过流渠中常规挖机和长臂挖机的交替放置配合等。投入的设备配套恰当合理,才能保证抢险作业高效连续地进行。对投入的设备可按以下原则进行组合。

(一) 先主导后配套

按照先主导后配套的原则,选好既定工程的主导机械,其他机械围绕主导机械选择。为了能够充分发挥主导机械的作业效率,配套机械的数量和生产力上应富余一些。如在某些挖装作业中,由于开挖面的限制,为了能充分发挥挖装机械的作业效率,可以多配置一点自卸车,以保证挖掘能够连续不停地作业。

(二)作业能力相匹配

不同机种联合作业时,两者要相适应。特别是在流水作业中,应使各机械的工作保持平衡,若工作能力不匹配,某一作业机械就无法充分发挥工作能力,会导致木桶短板效应发生,降低整条流水线作业效率。牵引车与其他机具的组合,尽量避免出现"小马拉大车"或者"大马拉小车"的情况。

(三)便于管理维护

选用大工作容积、高作业效率的同类型工程机械,可以提高抢险效率,减少作业人员的数量。投入抢险机械的品种、规格单一,更便于抢险作业中的调度、管理和维护,因此要尽量选用系列产品。组合的机械台数适当减少,有利于提高协同作业的效率,也降低了因一台设备发生故障而导致整个配套设备停工的概率。

9.4 选配工程机械的原则

抢险中机械设备的配置受很多因素制约,其中包括:抢险作业条件和进度要求、地貌的状况和土质的类型、施工场地的大小、输土方的远近以及机械设备的维修和机械设备的配套情况。抢险前应综合考虑这些因素,合理地选择配套机械设备投入到抢险作业中,充分发挥每台设备的作用。

(一)根据抢险内容选配工程机械

首先必须结合抢险方案,根据抢险内容、作业工程量、抢险进度、抢险要求等来配置机械设备,这是投入材料设备,确定数量和如何配套的主要依据。工程中经常遇到的抢险作业有土石方挖装、铲运、填筑、压实、修整、松土、伐树除根、表层清理、石方钻爆等,表9.1列出了各种作业内容所对应可以选用的抢险设备。

表9.1 不同工程机械适用的作业内容

作业类别	作业内容	可选择的机械设备
准备工作	清基、松土	推土机、挖掘机、装载机、松土器
石方钻爆、破碎	岩石爆破、孤石破碎、解爆	凿岩机、潜孔钻机、手风钻、破碎锤
土石方开挖、铲运	泄洪槽开挖、河渠清淤疏通	挖掘机、铲运机、装载机、推土机

(续表)

作业类别	作业内容	可选择的机械设备
土石方填筑	堤坝、路基填筑	挖掘机、推土机、装载机、振动碾
运输	土石料运输、机械设备运输	自卸车、卡车、平板拖车
整型	平整,削坡	挖掘机、推土机、平地机

（二）根据运输距离和道路情况选配工程机械

各种机械有其待定的道路条件和适应范围,在土石方挖运抢险作业中,各种机械设备还有其对应的高效作业运距范围,只有在其适应的运距范围和道路条件下,才能充分发挥其工作效率,如表9.2所示。

表9.2 工程机械适应的运距和道路条件

机械类型	高效运距/m	能够适应道路条件
履带推土机	<80	土路不平
履带装载机	<100	土路不平
轮式装载机	<150	土路不平
铲运机	200～1 000	土路不平
轮式拖车	>2 000	平坦道路
自卸车	>2 000	一般道路

（三）根据土质选配工程机械

不同类型工程机械对挖运土质的要求不同,在选配抢险设备时应充分考虑现场的土质情况。各种机械对不同土质的适应能力如表9.3所示。

表9.3 挖掘机械对各自土质的适应范围

机械类型	黏土	沙土	沙砾土	软土、块岩	坚石
推土机	适用	适用	适用	尚可用	尚可用
铲运机	尚可用	适用	尚可用	不适用	不适用
挖掘机	适用	适用	适用	适用	尚可用
轮式装载机	适用	适用	适用	尚可用	不适用

（四）根据气候条件选配工程机械

雨水会迅速改变土壤状态,特别是黏土,因此选择施工机械时要充分考虑抢险地点抢险期间的气象情况。例如,久晴不下雨土质干燥时,选择轮式施工机械作业可以提高作业效率；反之，旷日持久下雨、土壤过分潮湿和作业场地及道路泥泞时，则选用履带式甚至是低接地比压的宽履带式（湿地）工程机械作业更为适宜。除了上述适配方法外，还应考虑机械开进道路、燃料供应、机械维修与管理、部队自有设备情况及人员操作、管理水平等，把综合分析与突出重点相结合，合理选配各种机械。

9.5 确定各类抢险机械数量

在确定投入抢险机械的数量时，可以采用定额法、类比法或公式计算法。一般按定额计算所需机械数量偏多，按公式计算所得机械数量偏少。实际工作中先用定额进行计算，再用公式法进行验算，并结合工程施工条件，用类比法协调两者之间的差异。可以根据抢险工程量、运距、抢险强度，参考设备厂家提供的技术资料或国内外有关手册、专著、教材来进行计算，将所得结果与国内外工程施工行业提供的图表、数据或工程预算定额进行比较，再结合抢险现场条件和部队具体情况（如操作人员技术）来进行修正。抢险时间紧迫时，可直接采用类比法粗略确定所需的机械数量。不太好确定投入的机械数量时，可在抢险的过程中逐步补齐。

要想在灾害发生后及时选择配套设备投入抢险，除了根据部队自身的职能使命配备好相应的机械设备外，还需要我们在平时把更多的工作做好：做好各种机械设备的维护保养，使其处于良好的性能状态；制定出行之有效的设备管理制度并有效落实，做好机械设备履历、运行、维修、保养等方面的记录，熟悉设备的技术参数以及性能状况，以便作为抽调设备投入抢险的参考依据；培养出相应技术过硬的设备操作人员和修理人员；编制各种应急抢险预案，对各种抢险设备的抽组及投送等进行系统的研究；关注国内外应急救援装备发展状况，为选购和征调抢险装备搭建新的平台。

主要参考文献

[1] 陈云鹤.公路应急交通保障[M].北京:国防工业出版社,2013.

[2] 奉武贵,郭枝明,李兵枝.山体崩塌阻塞道路抢通与预防处治技术[J].中国公路,2013(23):128-129.

[3] 何正标.美国应急救援体系[J].现代职业安全,2017(01):85-87.

[4] 黄建发.我国大震巨灾应急救援装备发展趋势述评——基于我国各类专业救援队汶川8.0地震救援实践[Z].中国减灾应急产业发展高峰论坛,2009.

[5] 李家春,黄丽珍,田伟平,等.公路自然灾害类型划分[J].长安大学学报(自然科学版),2011(02):33-37.

[6] 梁庆林.交通应急抢险工程机械编配方法和模型[J].建设机械技术与管理,2016,29:82-85.

[7] 欧阳海霞,朱钰.公路灾害的定义及分类探讨[J].公路交通科技(应用技术版),2008(01):97-99.

[8] 秦军,曹云刚,耿娟.汶川地震灾区道路损毁度遥感评估模型[J].西南交通大学学报,2010(05):768-774.

[9] 王素光.地震损毁公路的抢通抢建方法[J].江西建材,2016(13):150-151.

[10] 武警交通应急救援工程技术研究所.道路交通应急抢险抢通技术指南[M].北京:人民交通出版社,2012.

[11] 武警交通指挥部司令部.应急救援实用知识手册[M].北京:人民交通出版社,2017.

[12] 向波,蒋劲松,李本伟,等.公路应急抢通保通技术手册[M].北京:人民交通出版社.

[13] 谢明武,康敬东,潘晓军,等.工程机械应急救援现状及需求分析[J].建筑机械化,2013(04):129-131.

[14] 薛惠娟,齐益强.机动车公路隧道交通事故分析[J].交通科技与经济,2007, 9:46-48.

[15] 薛艳杰,李勇,吴继霞,等.国内外应急救援装备标准体系现状及发展建议研究[J].中国标准化,2018(07):82-88.

[16] 杨涛,宋杨珑.自然灾害损毁道路应急抢通技术[J].水利水电技术,2015(05):5.

[17] 张亚洲,詹登民.地震震损道路应急抢通技术研究[J].四川水力发电,2014(01):35-39.